DIE SPRACHE DER MÜNZEN

Eckhart Pick

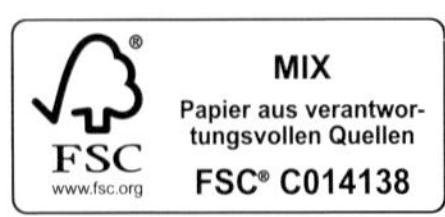

Für uns, die Battenberg Gietl Verlag GmbH mit all ihren Imprint-Verlagen, ist Nachhaltigkeit ein wichtiger Teil unserer Unternehmensphilosophie. Daher achten wir bei allen unseren Produkten auf den Einsatz umweltschonender Ressourcen und Materialien.
Dieses Buch wurde auf FSC®-zertifiziertem Papier gedruckt. FSC (Forest Stewardship Council®) ist eine nicht staatliche, gemeinnützige Organisation, die sich für die verantwortungsvolle und ökologische Nutzung der Wälder unserer Erde einsetzt.

Unsere Partnerdruckerei kann zudem für den gesamten Herstellungsprozess nachfolgende Zertifikate vorweisen:
- Zertifizierung für FOGRA PSO
- Zertifizierungssystem FSC®
- Leitlinien zur klimaneutralen Produktion (Carbon Footprint)
- Zertifizierung EcoVadis (die Methodik besteht aus 21 Kriterien in den Bereichen Umwelt, Einhaltung menschlicher Rechte und Ethik)
- Zertifikat zum Energieverbrauch aus 100% erneuerbaren Quellen
- Teilnahme am Projekt „Grünes Unternehmen" zum Schutz von Naturressourcen und der menschlichen Gesundheit

Impressum

128 Seiten mit 111 Abbildungen

Abbildungsnachweise: Die Abbildung auf dem Umschlag und die Abbildungen auf den Seiten 23, 36-43, 45,47, 50, 53, 58, 61, 64, 66, 71, 72, 74, 87, 88, 92, 93, 94, 97, 98, 100, 101, 103, 104, 106, 110 und 114 sind der Sammlung Prof. Dr. Eckhart Pick, Katalog zur Auktion der Fa. Dr. Busso Peus Nachf. Nr. 405, Frankfurt a. M. 2011, entnommen. Die Abbildungen auf den Seiten 24, 31, 68, 90, 107, 109 und 112 wurden von der Fa. Fritz Rudolf Künker GmbH u. Co. KG, Osnabrück zur Verfügung gestellt. Autor und Verlag sind dankbar, die Abbildungen verwenden zu dürfen.

Bibliografische Information der Deutschen Nationalbibliothek
Die Deutsche Nationalbibliothek verzeichnet diese Publikation in der Deutschen Nationalbibliografie; detaillierte bibliografische Daten sind im Internet über http://dnb.d-nb.de abrufbar.

ISBN 978-3-86646-243-4
Gesamtgestaltung: hjwiehr, Mainz
Druck und Verlag: Battenberg Gietl Verlag GmbH

DIE SPRACHE DER MÜNZEN

Am Beispiel von Mainzer Münzen und Medaillen
vom Mittelalter bis zur Neuzeit

Gleichzeitig ein Beitrag zur Positionierung der Numismatik

„Nichts ist beredter als die klingende Münze“

Ludwig Daniel Jassoy
(1769-1831)

Inhaltsverzeichnis

Vorbemerkung

Die Gold- und Silbermünzen der vier rheinischen Kurfürsten, beginnend als gemeinsame Vereinsprägungen ab den Vereinbarungen von 1385/1386, sind charakterisiert durch eine Folge von Wechseln im Münzbild und auch in der Schrift. Vor allem die Goldgulden bieten sich deshalb an, die mit ihnen möglicher Weise verknüpften Botschaften/Aussagen zu entschlüsseln. Exemplarisch dafür steht die Münzpolitik der Mainzer Kurfürsten, die als eine der treibenden Kräfte im Hinblick auf die Verbesserung des Münzwesens, wenn schon nicht auf der Reichsebene erreichbar, so doch wenigstens in ihrem Nahbereich, angesehen werden müssen. Da auch in der frühen Neuzeit bis in ihre späte Phase die Münzprägung in Kurmainz z. T. eindrucksvolle Zeugnisse der Münz- und Medaillenprägung vorzuweisen hat, liegt es auf der Hand, letztere bei der Fragestellung ebenfalls einzubeziehen.

Soweit ich sehe, gibt es zwar eine Reihe von wichtigen, jedoch eher deskriptiven Darstellungen der Verträge des Rheinischen Münzvereins und seiner von den vier rheinischen Kurfürsten ab 1385/1386 geschaffenen spätmittelalterlichen Münzen[1]. Dazu gehören die Darstellungen von Felke über die Gold(gulden)prägung[2], die Corpuswerke von Köln[3], Trier[4] sowie die Sammlungen zur Pfalz[5], Köln[6]und Mainz[7]. Dem Problem, ob und welche Informationen vor allem die Goldgulden, aber auch die silbernen Albus, für die Zeitgenossen enthielten, wird dagegen nur vereinzelt und kaum systematisch nachgegangen. Der Aufsatz von Ulrich Klein[8] enthält neben vielen Details keine Hinweise zu den Gründen der Veränderungen im Münzbild. Eine Ausnahme stellt die Untersuchung von Weisenstein dar, der die reichs- und regionalpolitischen Verflechtungen einbezieht[9]. Die daran anschließenden Fragen lauten, wenn man die erste bejaht: Welche Aussagen enthalten die Botschaften und sind sie auch von den Zeitgenossen (und wie?) verstanden worden? Enthielten die Prägungen neben Bildern und Schrift noch weitere Zeichen und Symbole, die zumindest von den Insidern erkannt und begriffen wurden? Auch wäre interessant, ob die verwendeten Schriften selbst auch Hinweise auf Datierung oder die Abfolge von Prägungen geben können. Noch eine Klarstellung der Begrifflichkeit: Wenn hier vom „Rheinischen Münzverein" die Rede ist, ist streng genommen der „Kurrheinische" Münzverein gemeint. Denn es gab immer wieder Vereinigungen einzelner Kurfürsten, auch mit anderen Reichsständen, und andere Vorläufer. Diese sind hier nicht gemeint, sondern nur der ab 1385/1386 entstandene Verbund der vier Kurfürsten am Rhein. Dabei ist festzuhalten, dass es auch nicht immer alle vier waren, die eine Prägung veranlassten. Häufig treten sie in wechselnder Besetzung auf, oft nur zu dritt, während ein -meist geistlicher- Teilnehmer in Folge einer Sedisvakanz nicht mit von der Partie war. Anders formuliert, zwar liegt der Akzent in erster Linie auf den „offiziellen" gemeinsamen vertraglichen Guldenemissionen der rheinischen Kurfürsten. Doch werden hier auch bilaterale Verträge und die Silberprägung einbezogen, soweit sie hier von Belang sind.

Der Kürze halber wird hier wie üblich vom „Münzverein" gesprochen. Da die Bedeutung des Münzvereins vor allem im Zu-

---

1 Diepenbach 1949, S. 89 – 120; zuletzt Wolfgang Eichelmann 2014 T. I und II.
2 Felke 1989.
3 Noss, Die Münzen der Erzbischöfe von Cöln, 1306-1547. Die Münzen und Medaillen von Cöln 2, Köln 1913.
4 Friedrich Frh. von Schrötter, Die Münzen von Trier, T. 2, Beschreibung der neuzeitlichen Münzen 1556-1794, Bonn 1908; Alfred Noss, Die Münzen von Trier, I, 2. Beschreibung der Münzen von 1307-1556, Bonn 1916; Karl Weisenstein, Das kurtrierische Münz- und Geldwesen vom Beginn des 14. bis zum Ende des 16. Jahrhunderts, Bonn 1995.
5 Kömmerling, UBS, Palatinate Collection, Auction 65, Zürich 2006.
6 Auktion Münzzentrum 28/1976; Slg. „Meyer Coloniensis" T. II, Auktion Münzzentrum 60/1986.
7 Link 1989; Albert Schlegel, Die kurmainzische Münzstätte Höchst 1377 bis 1461/63, Frankfurt a. M. 1991; Slg. Prinz Alexander von Hessen, Mainzisches Münzcabinett, Darmstadt 1882; Slg. Franz Heerdt, Verkaufskatalog Mainz, Sally Rosenberg Nr. 77, Frankfurt a. M. 1933; Slg. Rudolf Walther, Mainz, Auktion Dr. Busso Peus Nachf. Nr. 275, Frankfurt a. M. 1971; Slg. Prof. Dr. Eckhart Pick, Mainz, Auktion Dr. Busso Peus Nachf. Nr. 405, Frankfurt a. M. 2011.
8 Weisenstein 1991, S. 63 ff.
9 Weisenstein 2002, S. 105 ff.

sammenhang mit der Goldprägung zu sehen ist, soll diese auch hier im Mittelpunkt stehen. Seine Sonderstellung unter den zeitgenössischen Münzbündnissen im Reich ist unter anderem dadurch charakterisiert, dass der Rheinische Münzverein als einziger „sich konkret mit der Ausbringung einer eigenständigen Goldmünze befasste".[10]

Anlass, den Voraussetzungen und Umständen einer Prägung, aber auch weiteren mit ihr verbundenen Fragen nachzugehen, gab mir vor einigen Jahren bereits ein Brakteat des Mainzer Erzbischofs Heinrich I. von Wartburg (reg. 1142-1154) aus dem 12. Jahrhundert, entstanden in Erfurt[11]. Ich bezeichnete ihn als „Vogel mit der Lilie". Ich versuchte, das Bild insbesondere unter ikonographischen Gesichtspunkten zu interpretieren[12]. Ich kam damals zum Ergebnis, dass Erzbischof Heinrich die Prägung nutzte, um auf die von ihm als höchst ungerechtfertigt empfundene Handlungsweise Kaiser Friedrich Barbarossas ihm gegenüber hinzuweisen. Er führte damit „beredt" ihm gegenüber Klage. Ich sah in der geknickten Blume im Schnabel des Vogels, den ich als Reichsadler auffasste, eine Szene mit geistlich-kirchlichem Inhalt, aber auch verfassungsrechtlichem Bezug: die durch die von Barbarossa betriebene und durchgesetzte Absetzung des Erzbischofs. Diesem war vorgeworfen worden, Kirchengut verschleudert zu haben. Hintergrund war die Belehnung Heinrichs des Löwen mit Rechten des Mainzer Erzbistums nach dessen Heimfall. Durch die Absetzung Hein-

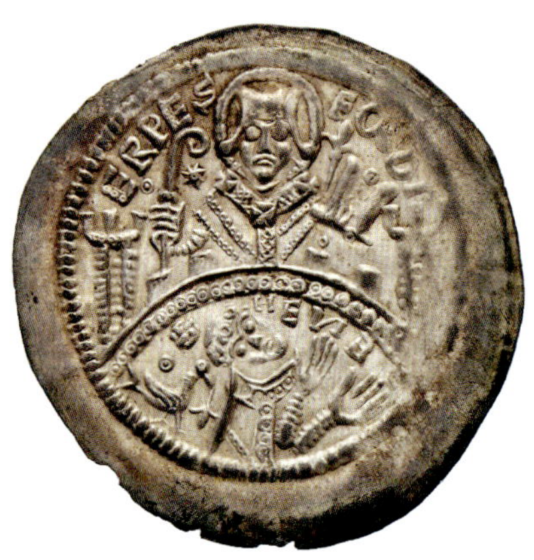

Der Vogel mit der Lilie

10 Weisenstein 2002 S. 108.
11 Slg Pick, Nr. 52.
12 GN, H. 241, 2009, S. 5 ff.

richs waren nicht allein dessen Laufbahn, sondern auch seine Autorität und Integrität in höchstem Maße verletzt worden. Die geknickte Lilie war das christliche Symbol der Reinheit, das – auch mit Hilfe Roms – beschädigt worden war. Damit konnte ich gleichzeitig die Datierung der Prägung in Erfurt auf die Zeit zwischen der Absetzung Heinrichs und seinem Ableben (1254-1257) bestimmen. Ich ging zudem davon aus, dass es die letzte Emission Heinrichs war.

I

Vorüberlegung

Nun möchte ich die Fragestellung erweitern und vor allem an Hand einiger Prägungen des Rheinischen Münzvereins, aber auch einiger weiterer (autonomer) Mainzer Prägungen einige Grundsatzfragen behandeln, nämlich die nach Art und Wirkung der vor allem auf den Goldgulden verwendeten Gestaltungsmittel. Daraus ergeben sich auch Hinweise auf die Aufgabe der Numismatik als Wissenschaft im Kanon der Historischen Wissenschaften. Gleichzeitig führen sie zu der weiteren Fragestellung, was moderne Münzkunde als eigenständige Erscheinung und im Zusammenwirken mit anderen historischen Fächern (nicht nur den so genannten „Hilfs-Wissenschaften“) leisten kann.

Den Ausgangspunkt bilden einige Prägungen des Münzvereins, vorwiegend Mainzer Münzen, darunter Goldgulden aus den Münzstätten Bingen, Höchst und Mainz. Auch einige Albus gehören dazu. Sie wurden deswegen ausgesucht, weil sie einerseits Besonderheiten im Vergleich mit anderen Prägungen aufweisen. Andererseits sind sie aber geeignet, darüber hinaus zu allgemeinen Erkenntnissen und Folgerungen zu führen. Die Goldgulden wurden unter den Erzbischöfen Gerlach von Nassau (reg. 1346-1371), Johann I. von Luxemburg-Ligny (reg. 1371-1373), Adolph I. von Nassau (reg. 1373-1390), Konrad II. von Weinsberg (reg. 1390-1396), Johann II. von Nassau (reg. 1397-1419), Konrad III. von Dhaun (reg. 1419-1434), Dietrich von Erbach (reg. 1434-1459), Dieter von Isenburg (reg. 1459-1461 und 1475-1482) und Adolf II. von Nassau (reg. 1461-1475) geprägt. Auch einige Albus, u. a. von Dieter v. Isenburg und Adolf v. Nassau emittiert, bieten Gelegenheit, die hier entwickelten Ansätze zu vertiefen. Dies gilt auch für weitere Gulden von Mitgliedern des Münzvereins sowie spätere Prägungen Mainzer Provenienz außerhalb des Münzvereins, so genannte

„autonome". Im Anschluss an den schon vorgestellten Brakteaten Heinrich von Wartburgs „Der Vogel mit der Lilie" wird noch ein weiterer Brakteat, nämlich aus der zweiten Regierungszeit Erzbischofs Konrad von Wittelsbach (1183-1200), zu besprechen sein. Auch ein Denar aus der Zeit Siegfrieds II. und III. (1208-1240) wird hier interpretiert. Schließlich werden auch neuzeitliche Prägungen einbezogen, sofern sie auf die allgemeinen Fragen Antworten geben und zur Abrundung der Ergebnisse beitragen können. Dabei stehen Prägungen von Anselm Kasimir Wambold von Umstadt (reg. 1629-1647), Anselm Franz von Ingelheim (reg. 1679-1695) und Emmerich Joseph von Breidbach-Bürresheim (reg. 1763-1774) im Vordergrund. Auch drei unter Anselm Franz von Ingelheim, Lothar Franz von Schönborn (reg. 1695-1729) und Johann Friedrich Karl von Ostein (reg. 1743—1763) geprägte Medaillen sollen vor dem ermittelten Hintergrund einer neuen Interpretation unterzogen werden.

II

Der Befund

Allgemein ist festzustellen, dass sich die Numismatik in der Vergangenheit kaum eingehend zur Bedeutung und Wirkung von Gestaltungsmerkmalen auf mittelalterlichen und neuzeitlichen Münzen geäußert hat. Dies gilt auch für die Literatur zum Rheinischen Münzverein. Diese beschäftigt sich vor allem mit der Vielfalt von Vereinbarungen der vier Kurfürsten (bzw. in ihrer jeweiligen Zusammensetzung) und den vertraglichen Vorgaben zur Gestaltung der Vorder- und Rückseite der Prägungen. Auch gehen sie den metrologischen Merkmalen der Prägung wie Feingehalt und Gewicht sowie den Änderungen vielfach subtil nach. Zuletzt wurden diese Inhalte von Eichelmann zusammengetragen[13]. Andererseits sind Ausführungen zu den Gründen und zur (beabsichtigten?) Wirkung der Prägungen mit ihren sonstigen Details kaum vorhanden. Das betrifft auch die auf den Münzen angewandten Schriftformen. Lediglich Ferdinand Friedensburg[14] und Wilhelm Jesse[15] haben sich zumindest der Thematik der Schrift auf Münzen des Mittelalters in der Vergangenheit angenommen. Zwei Ausnahmen in neuerer Zeit bilden die Untersuchungen von Hubert Emmerig, „in medio nostri nominis monogramma - Zur Schrift auf karolingischen Münzen“[16] und die hier einschlägigen Bemerkungen von Ulrich Klein zu den Umschriften auf Eltviller und Binger Gulden[17]. Soweit ich sehe, geht er als Einziger subtil auf die Merkmale der Umschriften ein. Auch weitere ikonographische Aspekte im Rahmen der Prägungen des Münzvereins werden von Klein erörtert[18]. Neuerdings beschäftigt sich jedoch ein ganzer Sonderforschungsbereich an der Universität Bonn unter dem Titel „Macht und Herrschaft“ mit den Zusammenhängen von Macht und Herrschaft im kulturwissenschaftlichen Kontext. In der daraus entstandenen Publikation „Macht und Herrschaft im Siegel- und Münzbild“[19] übernehmen es Sebastian Steinbach, Torsten Fried und Hubert Emmerig, den Beitrag der Numismatik zu formulieren. Besonders Ersterem gelingt ein überzeugender Nachweis für das Potenzial numismatischer Erkenntnisse in seinem Beitrag „Monetäre Herrschaftszeichen. Insignien königlicher Macht auf europäischen Münzen des Hochmittelalters (ca. 1050-1250)". Im Vorwort dieser zusammenfassenden Veröffentlichung definiert Andrea Stieldorf das Ziel der Forschung, „die Optionen von Münzen als Quelle für Herrschaftsdarstellungen auszuloten, da es innerhalb der mittelalterlichen Numismatik bislang kaum ikonographische Arbeiten und damit auch wenig Anhaltspunkte für einen spezifisch numismatischen Zugang zur Interpretation mittelalterlicher Münzbilder....gibt". Die Beschreibung dieses Defizits (oder Kritik?) nimmt Steinbach auf, indem er konstatiert: „Numismatik und Insignienkunde gehören mit Sicherheit nicht zu den gefragtesten aller Hilfswissenschaften – erstere wahrscheinlich, weil die ausgebreitete Fachliteratur und spezialisierte Methodik für den münzunkundigen Historiker nur schwer zu überblicken sind...."[20]. Umgekehrt ist festzuhalten, dass auch die Numismatik im Allgemeinen nicht von sich aus auf die anderen Kulturwissenschaften zugeht. Diese Zurückhaltung der Numismatikerinnen und Numismatikern ist darin begründet, dass die Numismatik z. B. die kommunikative Wirkung der Prägungen entweder gar nicht und auch nicht im Detail im Fokus hat. Auch überlässt sie die Interpretation und die mit Bild und Schrift verbundenen Probleme üblicherweise der darauf spezialisierten Wissenschaft (mit einerseits) guten Argumenten. Auch die Schriftanalyse ist nur eine Möglichkeit innerhalb des Kanons von Methoden, der Bedeutung von Gesamtdarstellung und einzelnen Merkmalen auf den Prägungen nachzugehen. Dabei ist vor allem von Interesse, ob diese

---

13 Eichelmann 2014, Teile I, II, wobei der Teil II die einzelnen Verträge wiedergibt. Auch die früheren Darstellungen sind eher deskriptiver Natur; vgl. Diepenbach 1949, S. 89 ff.

14 Friedensburg 1909, S. 56 ff. („Münzaufschriften des Mittelalters").

15 Münzbild und Münzaufschrift, in: Dona Numismatica, Festschrift für Walter Hävernick, Hamburg 1965, S. 5 ff.

16 Archiv für Diplomatik, Bd. 59, 2013. Siehe auch den Beitrag von Ulrich Klein in der Festschrift zum 100jährigen Bestehen der Numismatischen Gesellschaft Mainz-Wiesbaden (Klein 2021/I): Der stehende Erzbischof auf dem Kapitell, S. 153 ff., zweifellos eine beispielhafte stempelkritische Untersuchung!

17 S. vor allem Klein 2021/I und Klein 2004, S. 344.

18 Klein 1991, S. 63 ff.

19 Bonn, 2021.

20 Steinbach 2021/III, S. 67 f.

Gestaltungsmittel mit bestimmten Aussagen verbunden wurden und von den Zeitgenossen auch so verstanden werden konnten. Es kommt, wie schon betont, hinzu, dass bisher Münzen nicht oder nur am Rande z. B. unter dem Gesichtspunkt von Kommunikation gesehen werden[21]. Dieses Desinteresse wird z. B. auch dadurch gefördert, dass eine Richtung der Kommunikationswissenschaft ihre Beschäftigung auf das Druckwesen seit Gutenberg reduzieren will mit dem Argument, sie habe sich auf die mit dem Drucken erst ermöglichte öffentliche Debatte zu konzentrieren[22]. Wenn diese aber den Begriff der Kommunikation mit der Definition „zumindest auf die Übermittlung von Botschaften und die Verständigung zwischen Menschen (Humankommunikation) eingeschränkt" sehen will[23], zeigt sich ein Defizit bei der Berücksichtigung anderer Kommunikationswege. Dazu gehören die auf Münzen vorrangig in der schriftlosen Zeit fast exklusiv vermittelten Botschaften. Steinbach rückt zutreffend diese Interpretation zurecht, indem er festhält, dass die Aussage, das Mittelalter habe keine Massenmedien bzw. Massenkommunikationsmittel gekannt, so nicht zutrifft[24].

Überdies ist vice versa ein weitgehendes Desinteresse von Nachbarwissenschaften an der Numismatik und ihren Ergebnissen zu beobachten. So spielt Geld als Träger von Schrift z. B. keine Rolle bei der Literarhistorie, der Lehre von den Schriften. Selbst eine naheliegende Erwähnung von Geld als Träger von Informationen wird gewöhnlich übergangen (so z. B. bei Gertrud Blaschitz, „Schrift auf Objekten")[25]. Dass die Einbeziehung von Geld und Münze alles andere als selbstverständlich ist, zeigen zwei Darstellungen mit dem Titel „Alltag im Mittelalter" von Ernst Schubert und dem „Alltag im Spätmittelalter" von Harry Kühnel[26]. Wenn ersterer in seiner sonst sehr lesenswerten Untersuchung ohne Stichworte wie „Geld", „Münze" oder „Wirtschaft" auskommt, fragt man sich, wie der Alltag ohne den finanziellen Hintergrund gestaltbar war! Im Gegensatz dazu geht Kühnel recht konkret im Abschnitt „Kontrolle von Maß und Gewicht"[27] auf das Münzwesen ein. Das gilt auch für Bernd Fuhrmann „Deutschland im Mittelalter"[28], nicht nur wegen des Rheinischen Goldguldens auf dem Umschlag (übrigens geprägt unter dem Mainzer

Erzbischof Johann II. von Nassau). Ein eigener Abschnitt ist dem Thema „Geldwesen" gewidmet.

Da es in dieser Hinsicht mit Nachbarwissenschaften offenbar kaum einen Austausch und noch weniger Kooperationen gibt, soll der Versuch unternommen werden, wenigstens einen entsprechenden Anstoß zu wagen. Auch für Hendrik Mäkeler „erscheint eine multidisziplinäre Zusammenarbeit zur Erforschung numismatischer Objekte von besonderer Bedeutung"[29]. Eine weitere Prämisse erscheint in diesem Zusammenhang unabweisbar. Die wissenschaftlich ambitionierte Numismatik hat sich, wenn sie ernst genommen werden will, vor allem auch für den hier gesteckten zeitlichen Rahmen, intensiv mit den heutigen Fragestellungen und Erkenntnissen der mediävistischen Forschung zu befassen. Es geht um die Erörterung, in wie weit deren Ergebnisse für die Numismatik relevant sind und fruchtbar gemacht werden können. Insbesondere scheint mir der Bereich historischer Erkenntnis von besonderem Interesse, der uns für das Verständnis des Mittelalters die Fülle an ungeschriebenen Regeln in Form von Verhaltensmustern, Spielregeln, Symbolik und Ritualen nahegebracht hat. Andererseits fällt auf - wenn in der numismatischen Literatur überhaupt etwas zur Wirkung der Münzen über die monetäre Seite hinaus gesagt wird – dass numismatische Gegenstände dann höchstens mit den Stichworten „Selbstdarstellung" und „Propaganda-Mittel" der Emittenten bedacht werden. Man hat den Eindruck, dass auf beiden Seiten ein gewisser Tunnelblick bestimmend ist. Deutlich ist, dass die historische Wissenschaft mit spezifischen Beschäftigungen und Methoden der Numismatik nichts anfangen kann. Ich meine z. B. die Stempelkritik[30]. Diese in der Numismatik häufig angewandte Methode mit Stem-

21 Kluge 2007, S. 23, 49.
22 Wilke 2000, S. 1 ff.
23 Wilke 2000, S. 2.
24 Steinbach 2021/III, S. 68.
25 Wien 2000, S. 145 ff.
26 Erschienen in 4. Aufl. Darmstadt 2022.
27 Augsburg 2006, S. 29 ff. (35-37).
28 Darmstadt 2017, S. 27 ff.
29 Weisenstein 2002, S. 105 ff.
30 Kluge 2007, S. 33 f.

pelvergleich, -anzahl und -kopplung usw. ist Außenstehenden schwer verständlich und führt oft auch nicht zu plausiblen oder verständlichen Ergebnissen[31]. Diese sind oft nur Schätzungen, keine festen Größen. Das liegt z. B. daran, dass es zu wenig originale Stempel aus dem Mittelalter gibt. Meistens sind sie nur aus dem Rückschluss der Münzen mit ihren z. T. nur minimalen Unterschieden zu ermitteln, eine Methode, die oft nur dem numismatisch Bewanderten schlüssige Ergebnisse bringt. Deshalb wird manche entsprechende Erkenntnis unter dem Schlagwort „was soll´s?“ abgetan. Wer sich allerdings selbst auf eine solche Verengung einlässt[32], wird Mühe haben, sich als Vertreter einer wissenschaftlichen Numismatik gegenüber anderen Kulturwissenschaften selbstbewusst in Szene zu setzen. Natürlich ist etwa die Münzfundanalyse einem staunenden Publikum schon leichter als besondere Leistung der Numismatik plausibel zu machen als Stempelkritik und doch genügen die genannten Spezifika allein noch nicht, der Numismatik ihren angemessenen Platz zuzuweisen. Klassisch hat das Bernd Kluge kürzlich zum Ausdruck gebracht:[33] „Die Münze ist aber viel mehr als Geld. Sie ist ein historischer Mikrokosmos, der auf Grund seiner metallenen Unvergänglichkeit Bild- und Schriftzeugnisse vergangener Zeiten bewahrt und für die Nachwelt überliefert. Diesen Mikrokosmos zum Sprechen zu bringen, ihm seine offenen und verschlüsselten Botschaften abzulauschen, sie zu ordnen und zu systematisieren und für Interpretationen anderer bereitzustellen, ist Aufgabe der Numismatik“. Irritierend ist aber die Einschränkung:[34] „Eine historische Wissenschaft ist die Numismatik für mich nur, so lange ihr Gegenstand, die Münze, eine Primärquelle darstellt, die einen durch andere Quellen nicht zu ersetzenden Erkennt-

31 Zu dieser Problematik s. Kluge 2007, S.33. In jüngster Zeit findet sich die Stempelanalyse beispielhaft angewendet von Ulrich Klein in seinem Beitrag „Der stehende Erzbischof auf dem Kapitell: Die Mainzer Goldguldenprägung von 1365 bis 1373/1374 unter stempelkritischem Aspekt“, in: Geld und Wirtschaft im Südwesten, Festschrift zum hundertjährigen Bestehen der Numismatischen Gesellschaft Mainz-Wiesbaden, München 2021, S. S. 153 ff.

32 Zuletzt Kluge 2022, S. 371 ff. (373).

33 Kluge 2022, S. 373.

34 Kluge 2022, S. 373.

35 Kluge 2016, S. 16

niswert für das Verständnis und die Darstellung historischer Prozesse besitzt. Das ist für Antike und Mittelalter ohne Frage der Fall. Anders sieht es in der Neuzeit aus“. Eine solche Einschränkung muss zu einem Einspruch führen, wenn damit die Zeit etwa schon um 1500 gemeint ist. Vielmehr ist danach zu differenzieren, in wieweit im Einzelfall ein Defizit an eindeutiger Aussage zu konstatieren ist. Dies gilt auch nach der Ausbreitung des Drucks. Halten wir uns aber an eine weitere Bemerkung Kluges: „In einer an Schrift- und Bildquellen armen Zeit füllt die Münze eine Lücke in der historischen Überlieferung, deren sachgerechte Interpretation nur die Numismatik leisten kann“[35].

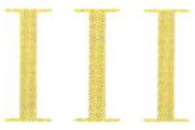

Numismatik im Kontext ihrer Nachbarwissenschaften

Vor allem die Sicht einzig aus der Perspektive der engeren, technisierten Münzkunde verstellt aber den Blick auf andere gewichtige Phänomene des Münzwesens. Ahasver von Brandt fasst das Potenzial der Münzkunde wie folgt zusammen: „...Münzen sind eine wichtige Quelle zur Erschließung von chronologischen, personengeschichtlichen, kultur- und wirtschaftsgeschichtlichen Tatbeständen“[36]. Ähnlich äußert sich auch Helmut Rizzolli[37]: “.... wobei die lediglich sich auf die Münzbeschreibung orientierende Numismatik ...überholt ist“. Überzeugend äußert sich ebenso der Wirtschaftshistoriker Thomas Ertl zur Funktion mittelalterlicher Prägungen[38]: „Die Münzen des Mittelalters waren nicht nur Zahlungsmittel, sondern auch Werkzeug herrschaftlicher Wirtschafts- und Finanzpolitik sowie Medienträger von herrschaftspolitischen Bild- und Schriftinformationen“. Oder anders ausgedrückt:[39] „Münzen und Medaillen dienten (neben ihrer ökonomischen Funktion der Herrschaftspropaganda“. Das, was die Drucktechnik erst mit Gutenberg zu Wege brachte – Modernisierung und Technisierung öffentlicher Kommunikation[40] – hatte in der Münzprägung bereits eine jahrtausendalte Tradition. Es ist das erste Massenmedium der Geschichte“ und „zugleich ein sehr spezifisches Nachrichtenmedium“[41]. Dass umgekehrt von der Numismatik auch andere Wissenschaften profitieren können, bewies schon Ferdinand Friedensburg in seiner wegweisenden Untersuchung „Die Münze in der Kulturgeschichte“ aus dem Jahre 1909. Seinen Anspruch formulierte er wie folgt: „Ich will zeigen, wie die Münze zugleich Erzeugnis, Werkzeugnis und Denkmal der Kultur ist“[42]. In der Gegenwart drückt dies Ludwig Biewer für die Heraldik so aus: „Für die Entwicklung der Wappenbilder dieses Personenkreises (erg. Kaiser, Fürsten und Städte) bilden die Münzen daher eine hervorragende Quelle“[43]. Auch 1991 zum 16. Deutschen Numismatikertag stellte die veranstaltende Numismatische Gesellschaft Mainz-Wiesbaden die

Tagung unter das Thema „Politische Ideen auf Münzen"[44], durchaus ein Beispiel dafür, dass Laien gelegentlich früher als die professionelle Numismatik eine Entwicklung voraussehen und aktiv gestalten können.

Historiker wie Gerd Althoff[45], Bernd Fuhrmann[46] und andere haben z. B. nachgewiesen, wie sehr das Leben der Menschen im frühen und hohen Mittelalter für die Zeitgenossen durch anerkannte, im allgemeinen nicht schriftlich fixierte Regeln, bestimmt wurde. Rituale bildeten eine Ordnung und sie stifteten Gemeinschaft. Dabei wiesen sie jedem Menschen seine Stellung innerhalb dieser zu. Die allgemein als fast schriftlos definierte Epoche, was auch für den größeren Teil der Eliten zutrifft, bedeutet jedoch nicht, dass sie kommunikationslos gewesen wäre. Auch die des Schreibens und Lesens Unkundigen fanden im Mittelalter Kommunikationswege, um das für ihren Alltag erforderliche Wissen zu erhalten. Dies gilt insbesondere auch gegenüber der Vielfalt von umlaufenden Münzen, die zu bewerten waren.

Von einem anderen Ansatz bei der begrifflichen Verwendung von „Geld" geht der französische Historiker Le Goff aus[47]. Bemerkenswert ist, dass seine Untersuchung „Geld im Mittelalter" selbst in den Abschnitten, die vom Münzgeld handeln, ohne Abbildungen auskommt. Dies rührt daher, dass es ihm in erster Linie um die soziologische Darstellung der Handelnden und der Bedeutung der mittelalterlichen Glaubenswelt auch im Bereich der Ökonomie ankommt.

---

36 V. Brandt 2012, S. 149; so auch Kluge 2016, S. 8.
37 Rizzolli 2021, S. 14.
38 Ertl 2021, S. 142.
39 Mäkeler 2017, S.43.
40 Wilke 2000, S. 16 f.
41 Peter 2005, S. 152.
42 Berlin 1909, S. V.
43 Biewer 2007), S. 27.
44 Die gleichnamige Festschrift, Hg. Rainer Albert, erschien als Bd. 31 in der Schriftenreihe der Numismatischen Gesellschaft Speyer (zit. Autor 1991).
45 Spielregeln der Politik im Mittelalter, Darmstadt 1993; Die Welt der Rituale, Darmstadt 2003; Inszenierte Herrschaft, Darmstadt 2003.
46 Deutschland im Mittelalter, Darmstadt 2017.
47 Geld im Mittelalter

Übrigens sind auch benachbarte Wissenschaften wie die Heraldik für die Wappenseite und die Lehre von Zeichen und Schrift[48] für das Lesen und Verstehen auch im numismatischen Kontext von Wichtigkeit. Dies gilt ebenso für die Lehre von den Inschriften, die Epigraphik. Die Mahnung von Althoff sollte gerade uns Numismatikern gegenwärtig sein: „Wer die Rahmenbedingungen von Handeln in längst vergangener Zeit nicht zum Thema von Forschungen macht, läuft Gefahr, unreflektiert davon auszugehen, sie seien genauso wie heute, und dies wäre ein gefährlicher Irrtum“[49]. Zu beachten ist auch, dass wir von einer oralen Gesellschaftsordnung bis weit ins späte Mittelalter und die frühe Neuzeit auszugehen haben. Fast nur Geistliche konnten lesen und schreiben, was vor allem das auf den Münzen fast ausschließlich verwendete Latein betrifft. Auch Rang und Stellung wurden im Mittelalter ebenfalls in vielfältiger Weise offenbart. Dazu dienten im gesellschaftlichen Miteinander bereits Äußerlichkeiten wie z. B. die Sitzordnung in Gegenwart von höher Gestellten. Sie galt als Demonstration der Ehre bei den festlichen Gastmählern oder in offiziellen Beratungen[50]. Auch neue Formen und sogar Brüche im traditionellen Gefüge der gesellschaftlichen Ordnung wurden mittels demonstrativer Handlung oder durch Gesten vollzogen. Schließlich lehrt uns die Kulturwissenschaft, wie komplex sich die Gestaltung von Vorder- und Rückseite auch einer Münze auf kleinstem Raum offenbaren kann[51]. Sie war geeignet, die notwendige Stellung zu gewährleisten und dem Träger des Münzrechts die immer wieder erneuerte Anerkennung seiner Position in der sozialen Ordnung zu verschaffen. „Rituale stifteten Ordnung und Gemeinschaft, sie setzten die Beteiligten in ihr Recht ein…“[52]

Die Deutung von Phänomenen auch außerhalb des engeren Prägevorgangs gehört in den Kontext seiner (kommunikativen) Seite. Was ich damit meine, will ich am Gründungsvorgang des kurrheinischen Münzvereins erläutern. Die Umstände, die der Vereinigung zu Grunde lagen, sind vielfältig. Dabei erschienen die Voraussetzungen alles andere als günstig. Das 14. Jahrhundert wird in weiten Zeiträumen mit Katastrophen in Verbindung gebracht. Doch ist man heute weit davon entfernt, das späte

Mittelalter generell als Krisenzeit zu charakterisieren. Auch von einer „Agrarkrise“ ist heute nicht mehr die Rede[53]. Für die christliche Bevölkerung war das große Schisma ein Drama von apokalyptischem Ausmaß: Zwei, dann drei Päpste, zwei Hauptstädte der Christenheit, Rom und Avignon[54]. Zudem wütete von 1347 bis 1352 und erneut 1367/1368 und noch später 1375/1376 und 1387/1788 die Pest in Europa[55]. Allein in Mainz sollen 1349/1350 6000 Menschen an der Seuche gestorben sein. Nach Schätzungen verloren die Städte rund ein Drittel ihrer Bevölkerung[56]. Aber auch die Malaria wurde damals in ganz Europa zu einer pandemischen Plage[57]. Gleichzeitig führten diese Pandemien zu einem tiefen Einbruch im Fernhandel, der auch die Hansestädte im Norden betraf. Nicht zu übersehen in diesem Zusammenhang sind die gleichzeitigen Progrome gegen die jüdische Bevölkerung, ohne dass man heute von einem ursächlichen Zusammenhang zwischen den Epidemien und Schuldzuweisungen durch die Kirche ausgeht[58]. Nicht zu vergessen sind auch Hungersnöte in den ersten Jahrzehnten des 14. Jahrhunderts. Sie wurden durch klimatische Veränderungen hervorgerufen. Die Epoche ist aber auch geprägt durch eine Wiederbelebung und Zunahme des internationalen Handels[59], wenn auch einher gehend mit einem Mangel an Bargeld, verbunden mit hohen Zinsen[60]. Die Zeit wird überdies bestimmt von einem erheblichen Mangel an Edelmetall zwischen 1390 und 1465[61]. „Zwischen 1330 und 1500 verringerte sich die Münzproduktion in Europa um ca. 80%“[62], allerdings

---

48 Siehe Frutiger 2004; Steinbach 2022, S. 30.
49 Spielregeln, S. 252.
50 Schwegler 2005, S. 156 ff.
51 Siehe Wenzel 1995.
52 Weller 2008, S. 199 ff.
53 Schubert 1998, S. 3 f., 5 ff. Dort auch zu den Pestwellen in Frankfurt (S: 10).
54 Le Goff 2011, S. 187.
55 Fouquet/Zeilinger 2011, S. 105 ff.; Le Goff 2011, S. 178, 187.
56 Fouquet/Zeilinger 2011, S. 106 f.
57 Fouquet/Zeilinger 2011, S. 104 ff.
58 Wie vor S. 121 ff.
59 Schubert 1998, S. 18 ff.
60 Wie vor, S. 118.
61 Ertl 2021, S. 103. Das wenige gewaschene Rheingold fiel kaum ins Gewicht.
62 Hammel-Kiesow 2003, S. 75.

nicht gradlinig und mit regionalen Unterschieden. Eine Ursache war auch die Hortung „guten Geldes", das dem Kreislauf entzogen wurde. Zurück blieben im Wert verringerte Münzen. „Ja, auch Krieg, Finanz- und Geldkrisen verstanden die Zeitgenossen der Vormoderne als schier unabänderliches Schicksal..."[63]. Gerade in dieser Zeit schöpften die Menschen auch wieder Mut. In der Limburger Chronik um 1350 heißt es: „als dieses Sterben... ein Ende hatte(n), da hob die Welt wieder an zu leben und fröhlich zu sein..."[64]

---

63 Fouquet/Zeilinger 2011, S. 143.
64 Fouquet/Zeilinger 2011, S. 144.

IV

Ausgangspunkt: Rheinische Münzpolitik

1. Der Kurrheinische Münzverein betritt die Bühne

Um dem Mangel an solidem Geld zu beheben, - sie selbst hatten keine Möglichkeit, Gold und Silber in nennenswertem Umfang im Bergbau zu gewinnen- schöpften die rheinischen Kurfürsten Gold mittels der Einnahmen aus den Rheinzöllen ab. Eine grandiose Idee, den „goldenen" Rhein sozusagen beim Wort zu nehmen und die wichtigste Nord-Süd-Verbindung des Handels in Mitteleuropa insoweit „anzuzapfen". Eine wichtige Handelsroute, die so genannte „Wollhandelsroute" führte sogar von Florenz über den Rhein bis nach den Handelsstädten in Flandern, vor allem Brügge. Sie gewann an Bedeutung während des Hundertjährigen Kriegs zwischen England und Frankreich (1339-1453), als der Handel auf die Rheinroute auswich, um die aus dieser militärischen Auseinandersetzung folgenden Unsicherheiten der bisherigen Transportwege zu umgehen. Mit entscheidend für den Aufschwung der rheinischen „Wollstraße" war also die Sicherheit dieses Transportwegs durch die Kurstaaten am Rhein. Ihre eigenen Goldgulden entstanden aus dem Einschmelzen fremder Währung und anschließender Neuprägung. Das Material dafür waren wohl vorrangig die hochwertigen ungarischen Goldprägungen. Offenbar gab es in den 80er Jahren des 14. Jahrhunderts auch Anlass, auf eine generelle Erholung des Fernhandels zu setzen, zumindest in der Nord-Süd-Richtung von den oberitalienischen Städten bis nach Holland und Nord- und Osteuropa. Dafür spricht auch die Gründung des ersten förmlichen Hansebunds

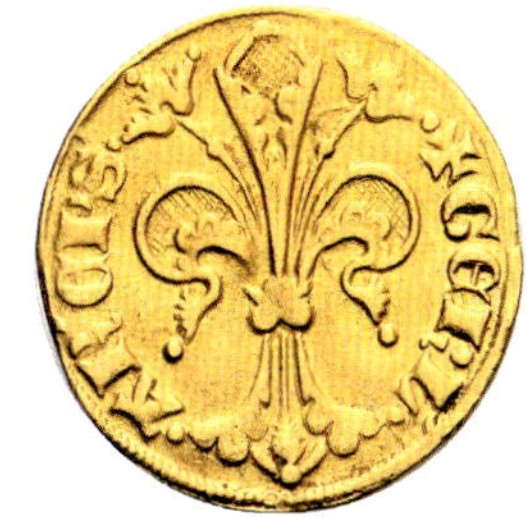

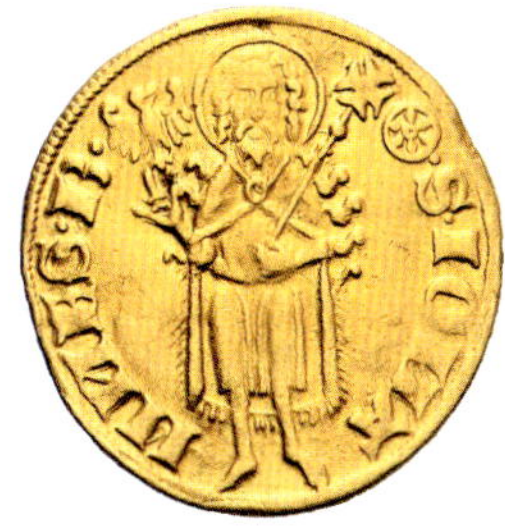

Ein früher Goldgulden aus Eltville (um 1360)

1356. An diesem (erhofften) Aufschwung nahm der rheinische Bund Anteil. Es gelang ihm, das benötigte Gold zu beschaffen, wenn auch nicht im Wege originärer Gewinnung wie in Ungarn, so doch durch die Abschöpfung im Rahmen der Zölle. Leider stehen keine Informationen zum Umfang dieser „Neuschöpfung" zur Verfügung. Auch die Anzahl der Münzstempel ergibt keine verlässliche Aussage zur Menge etwa der Gulden. Originale Münzstempel sind kaum erhalten, denn üblicherweise wurden sie nach Beendigung einer Emission unbrauchbar gemacht. Ganz selbstverständlich nutzten die Kurfürsten nun den weiteren spezifischen Vorteil des Flusses aus, nämlich Massengüter schnell und relativ gefahrlos von Süd nach Nord und umgekehrt zu transportieren[65]. Ein besonders positiver Faktor war die konkurrenzlose Schnelligkeit der Süd-Nord-Richtung flussabwärts. Man rechnet, dass man täglich, bei etwa 7 km Geschwindigkeit pro Stunde, 70 km bewältigen konnte. Gegenüber dem Transport zu Lande nicht nur wesentlich schneller, sondern auch kostengünstiger[66]. Zudem war man vor Wegelagerern – abgesehen von den rheinischen Kurfürsten, die man durchaus in dieser Rolle sehen kann – sicher. „Der von ihnen an der wichtigsten Handelsstraße des Reiches geschlagene rheinische Gulden sollte die süddeutschen Währungsräume neu ordnen, sollte sich zur Leitmünze im Reich entwickeln"[67]. Über Basel als dem wichtigen Knotenpunkt des Transportverkehrs zwischen Norditalien und den Handelszentren Antwerpen und Ham-

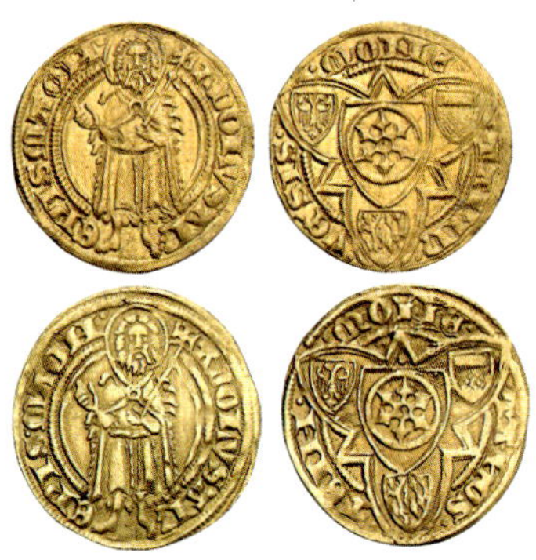

Erste Prägung des Münzvereins: 1385/1386 in Bingen (oben) und Höchst (unten)

---

65 Fuhrmann 2017, S. 137.
66 Ertl 2021, S. 131. Ertl rechnet mit nur 10 bis 20% Kosten gegenüber dem Transport auf dem Landweg!
67 Schubert 1998, S. 169; Weisenstein 2002, S. 131.
68 Braudel 1986, S. 386; Fuhrmann 2017, S. 137.
69 Klein 1991, S. 63; Klein 2004, S. 245; Weisenstein 2002, S. 112.
70 Wohl nicht als exklusives Recht (a. A. wohl Fuhrmann 2017, S. 31).
71 Schubert-1998, S. 165, 169.

burg verliefen die Handelsströme über die Alpen und entlang des Rheins[68]. Als die Kurfürsten 1385/1386 den Münzverein gründeten, hatten sie den günstigsten Moment erwischt. Auf wen die Entscheidung zurückzuführen ist, ist aktenmäßig bisher nicht belegt. Doch spricht Einiges dafür, dass der Trierer Erzbischof Kuno von Falkenstein Spiritus Rector dieses Vorhabens war. Denn er war vorher jahrelang Administrator und Koadjutor in Mainz bzw. Köln gewesen. Er war deshalb mit den Voraussetzungen in den geistlichen Kurstaaten bestens vertraut[69].

2. Stillschweigende Änderung der Reichsverfassung?

Gleichzeitig musste dieser Vorgang als revolutionär und an den Grundfesten der Münzordnung des Reichs rüttelnd von den Zeitgenossen beurteilt worden sein. Er war viel mehr als einer der bisherigen Bünde zwischen einzelnen Reichsständen zur Regelung von Münzangelegenheiten. Es waren ja „Schwergewichte" der Reichsverfassung, die Mehrheit des Kurkollegs, die sich da zusammengetan hatten. Bedeutete dieses Bündnis doch gleichzeitig einen Affront gegenüber dem Kaiser als dem Träger der höchsten Gewalt im Reich einschließlich des Münzregals. Denn mit der Gründung eines solchen Vereins mit dieser Ausrichtung durch die Mehrheit der Kurfürsten wurde ihm die (Allein) Zuständigkeit für die Goldprägung auf der Reichsebene abgesprochen, zumindest streitig gemacht. Zwar hatte die Goldene Bulle den Kurfürsten dieses Recht 1356 grundgesetzlich bestätigt[70], nachdem Einzelnen dieses Recht schon einige Zeit vorher verliehen worden war. Diese Befugnis sollte aber mit Sicherheit nicht über die individuelle Ermächtigung der Kurfürsten hinausgehen, ausschließlich in und für ihren Herrschaftsbereich Goldmünzen zu emittieren. Kaiser Karl IV. hatte eine solche Ermächtigung beim Erlass der Goldenen Bulle sicher nicht im Blick. Mit ihrer Vereinbarung vergrößerten die vier Kurfürsten eigenmächtig den Bereich ihrer Befugnis, auf den ersten Blick zwar beschränkt auf ihre jeweiligen Territorien und zunächst sogar nur auf die dem Rhein benachbarten Herrschaftsbereiche. Mit Recht stellt Ernst Schubert fest[71]: „Verfassungsgeschichte und Geldgeschichte gehören zusammen". Kaiser Sigismund (reg. 1410-1437) versuchte erst zwei Jahrzehnte später, diesen Alleingang mit der Einrichtung von Reichsmünzstätten zu konterkarieren, hatte damit aber nicht den erwarteten Erfolg. Im Gegenteil, wehrten sich doch die Kurfürsten gegen die Ausweitung der Goldprägung durch den Kaiser und behaupteten häufig, dass die Prägungen unterwertig seien. Immerhin traten dessen so genannte Apfelgulden (abgeleitet von dem auf ihnen angebrachten Reichsapfel) in Konkurrenz zur kurfürstlichen Münzprägung[72]. Auch wenn der Rheinische Münzverein nicht das erste Bündnis dieser Art war[73], entwickelte er sich zum bedeutendsten.

3. Der Kern des neuen Münzsystems: Der Goldgulden

Die drei geistlichen Kurfürsten hatten sich schon im Vorfeld des Rheinischen Münzvereins auf eine gemeinsame Goldprägung verständigt[74] (Vertrag vom 24. 9.1354), während Kurköln, Jülich und Aachen am 15. 8. 1357 folgten. Das von den Kurfürsten gewählte „Dessin" ihrer gemeinschaftlichen Goldmünzen knüpfte an die Goldprägung von Florenz an, den „Floren"; mit ca. 3,5 Gramm reinen Goldes war er damals (seit 1252) die Standardmünze im Handel des europäischen Raums. Bei einer Produktion des Floren von circa 350.000 Stücken jährlich[75] durfte der rheinische Gulden eigentlich keine Konkurrenz zum „Fiorino" gewesen sein. Das gilt auch für die venezianische Goldprägung, den Dukaten, der fast genau 100 Jahre vor dem Rheinischen Gulden, 1284, erstmals die Prägestätte, Zecca, deswegen auch Zecchino genannt, verließ. Leider stehen für den rheinischen Gulden keine verlässlichen Zahlen hinsichtlich des Ausstoßes der Münzstätten zur Verfügung. Offenbar fand er aber eine Lücke im Bedarf des europäischen Geldsystems. Sicher war seine Verbreitung beschränkt, vornehmlich auf den zentralen Handel im Heiligen Römischen Reich Deutscher Nation einschließlich der benachbarten Regionen. Er folgte aber auch den Handelsströmen der Hanse entlang der Ostsee nach Polen und das Baltikum[76]. Er entwickelte sich zur „Leitwährung im Reich und Westeuropa"[77] oder „Haupthandelswährung" neben dem ungarischen Gulden[78]. Gelegentlich wird der rheinische Gulden auch als „Oberwährung" oder sogar als „alles umspannende Dachwährung" bezeichnet[79].

Nach Emmerig wurde mit dem Vertrag von 1385/1386 „der Grundstein für eine der erfolgreichsten Währungen des deutschen Spätmittelalters, den rheinischen Goldgulden, gelegt“[80]. Das Markenzeichen des Florentiner Gulden, die große Lilie, wurde ohne Skrupel (wie auch von anderen Nachahmern) der neuen rheinischen Prägung mitgegeben[81], die noch keine gemeinschaftlichen waren, aber auf Absprachen beruhten. Das war gleichfalls ein Coup, mit der die neue rheinische Währung den „guten Namen“ aus Florenz adaptierte. Doch befand sie sich dabei in bester Gesellschaft: Könige, sogar der Papst, hatten bei der Nachahmung keine Bedenken. Doch bereits die erste eigentliche Gemeinschaftsprägung konnte auf die große Lilie verzichten. Nur die Person des Täufers erinnerte an die Heimat des Florens. Schon die von den drei geistlichen Kurfürsten 1354 beanspruchte „Vereinigungsfreiheit“ im Währungsbereich musste für Unruhe in den übrigen Gremien des Reichs, vor allem bei Fürsten und Städten, sorgen. Die Befugnis zu Koalitionen gründete sich nach eigener Einschätzung der Gründer kurfürstlicher Bündnisse auf ihre herausgehobene Stellung als Wähler von Kaiser und König. Die von den drei geistlichen Kurfürsten im Landfrieden 1354 getroffene Vereinbarung einer gemeinsamen Münzprägung[82] hatte ihre Grundlage in der öffentlich vollzogenen Einigung von Rhens im Jahre 1338. Schon damals war dieser Standpunkt bereits reichsöffentlich gemacht worden. Übrigens zeugt auch ein weiterer nicht zufällig parallel zum ersten rheinischen Münzvertrag 1385/1386 erfolgter Akt von diesem gestiegenen Selbstbewusstsein: Die Gründung, ebenfalls 1386, der Heidelberger Universität durch Kurfürst

---

72 Dazu Weisenstein 2021, S. 549 ff.

73 Der Wendische Münzverein bestand seit 1379. Er prägte allerdings nur Silbermünzen (Hammel-Kiesow 2003, S. 40 ff).

74 Felke 1989, S. 5.

75 Ertl 2021, S. 135.

76 So finden sich 40 rheinische Goldgulden im Lübecker Goldschatz (Lübeck 2003), S. 136. Bis in die ersten Jahre des Rheinischen Münzvereins dominierten die ungarischen Gulden (Schubert 1998, S. 169).

77 North 2009, S. 33; Weisenstein 2002, S. 105; Fuhrmann 2017, S. 31 etwas einschränkend auf das Rheingebiet und Oberdeutschland.

78 Fouquet/Zeilinger 2011, S. 141.

79 Fuhrmann 2004, S. 34.

80 Emmerig 2007, S. 363

81 Dazu Klein 2004, S. 341 ff., der alle deutschen Nachprägungen zusammenstellt (S. 343 ff).

82 Weisenstein 2002, S. 110.

Ruprecht I. von der Pfalz (reg. 1353-1390). Eine solche hohe Schule bedurfte im Mittelalter der Zustimmung von Kaiser und Papst. Ein gewisser zeitlicher Rhythmus im Kompetenzgewinn kann demnach in der Jahresfolge 1338, 1356 und 1386 gesehen werden. Sie kulminierte mit der Absetzung König Wenzels 1399 durch die Kurfürsten in der neuen, gegensätzlichen Rolle als „Abwahlberechtigte". Jedenfalls weiteten die Kurfürsten ihre Machtstellung deutlich sichtbar weiter über die gerade grundgesetzlich fixierte Ordnung von 1356 hinaus aus. Dies mag auch in der Schwäche des Kaisertums nach der Stauferzeit begründet sein. Dass mit dem Goldgulden des Münzvereins eine anerkannte „Reichswährung" entstand, konnten ihre Väter allerdings nicht voraussehen! Mit anderen Worten: Der Gründungsvertrag des Münzvereins von 1385/1386 mit diesen Inhalten, der gemeinsamen Ausgabe von Gold- und einer ganzen Palette von Silbermünzen, war schon als solcher eine Demonstration ihres Ranges als die herausgehobene Gruppe von Reichsfürsten! Das Alleinstellungsmerkmal bestand in der Vereinbarung, ein ganzes System von Gold- und Silbermünzen zu etablieren[83]. Der rheinische Gulden war auch „die Leitmünze" im Verhältnis zum Silbergeld, dem Albus[84] und später zum Taler. Bemerkenswert war der Gulden auch insofern, als er selbst Vorbild für Münzprägung fern von seinem Ursprungsgebiet wurde[85]. Gleichzeitig bescheinigte man Kaiser und Reichsständen dadurch unausgesprochen ihr Versagen in der Münzpolitik. Dass das Reich das rheinische System im Reichsabschied von 1495 sogar übernahm, musste für die vier Kurfürsten eine besondere Genugtuung bedeutet haben: Das Reich adaptierte den Gulden in Form von einem Goldgehalt von 18 ½ Karat und einem Gewicht von 107 Stück auf 1 ½ Mark Gold. 1524 wurde die Kölner Mark im Gewicht von 233, 856 Gramm verbindlich gemacht.

4. Zustimmung und Kritik

Zwischen dem Zeitpunkt seiner Einführung 1385/1386 und seiner letzten vertraglichen Verbindung 1537 liegen rund 150 Jahre, in denen sich die für das Münzwesen verantwortlichen Reichsstände nach den Maßstäben des rheinischen Guldens richteten. Meist lesen wir, dass die Marktteilnehmer über die schleichende Abwertung des Guldens grummelten. Immerhin ergab sich schrittweise eine Abwertung von ursprünglich 958 Tausendstel Feingehalt auf schließlich 771 Tausendstel 1511. Gleichzeitig erfolgte eine Reduktion des Gewichts von anfänglich 3, 543 Gramm um 7,7 %[86]. Diese permanente Abwertung wurde von der Konkurrenz hart kritisiert. Vor allem die (Reichs) Städte beschwerten sich darüber, musste sie doch jeweils auf die Veränderungen reagieren. Aus heutiger Sicht dominiert die Anerkennung. Neben seines ordnungspolitischen Gewichts sieht man eine bemerkenswerte Stabilität. Insbesondere Weisenstein hat akribisch nachgewiesen[87], dass die jährliche durchschnittliche Abwertung oder „Inflation" des Feingewichts zwischen 1385 und 1559 insgesamt 26,502% betrug. Ohne Berücksichtigung der Gewichtsreduktion ergibt sich ein Verlust von 0,15% pro Jahr! Aus der jetzigen Perspektive ein geringer. Der Feingehalt wurde in dieser Zeit von 23 Karat auf 18½ abgesenkt. Heute berücksichtigt man auch das damalige Umfeld, das sofort mit Aufkauf und Hortung reagierte, wenn, wie 1478, der Rheinische Gulden zu gut ausgeprägt wurde[88].

5. Goldwährung und unbare zeitgenössische Zahlungssysteme

Zu Beginn des Münzvereins hatten sich bereits lange zuvor von Oberitalien ausgehend in weiten Bereichen „moderne" Zahlungsmöglichkeiten durchgesetzt. Die Handelsstädte Oberitaliens, die schon im 12. und 13. Jahrhundert den Fernhandel praktizierten, waren die Vorreiter in diesen Waren- und Geldtransfers über grenzüberschreitende Distanzen. Die Wirtschaftsgeschichte

83 Weisenstein 2002, S. 110 f.
84 Klüßendorf 2012, S. 38.
85 Klüßendorf 2012, S. 39.
86 Klüßendorf 2012, S. 38 f.
87 Weisenstein 2002, S. 106 f.
88 Weisenstein 2021, S. 235.

nennt diese Zeit „Epoche der kommerziellen Revolution“[89]. „Erfinder“ des sich immer weiter differenzierenden Zahlungsmethoden waren vor allem Städte wie Genua und in der Folge Venedig. Mit der Schaffung des Wechsels gelang eine Zahlungsform, die nicht mehr den Transport physischer Währung voraussetzte, sondern die Zahlung an einem weit entfernten Ort erlaubte. Die neuen Formen der Zahlung über weite Strecken waren nicht nur der Unsicherheit der Transportwege geschuldet, sondern hatten ihre Ursache auch in Liquiditätsengpässen und Mangel an Edelmetall[90]. Transferstellen waren in der Frühzeit die Messen in der Champagne, dann Genf und Lyon. Trotz dieser Vorteile beschränkten sich die neuen Instrumente (vor allem der Wechsel und das Indossament) zunächst auf das Mittelmeer und waren in erster Linie in dem „Dreieck zwischen Italien, Nordwesteuropa und der Ostküste der iberischen Halbinsel“ in Gebrauch[91]. Während der Blüte des Münzvereins stellten die unbaren Zahlungen keine Konkurrenz dar. Allenfalls waren sie für die großen Handelsgesellschaften ein probates Mittel, keineswegs aber für das Transportgewerbe. Das gilt auch für die Unternehmer, die den Handel auf der Handelsroute zwischen Oberitalien und dem nordwesteuropäischen Raum organisierten. Die beiden Systeme ergänzten sich, auch deswegen, weil am Ende des Geschäfts doch eine Zahlung – möglichst in Gold – „zu Buche“ stand. Im Übrigen waren Zölle Abgaben in „Cashform“ und vertrugen keine regelmäßige Kreditierung. Die internen Beziehungen zwischen Lieferant und Empfänger der Waren interessierten die Zolleinnehmer nicht. Unabhängig davon wirkte sich das Stapelrecht der Anliegerstädte – wohl ambivalent – aus.

Der tatsächliche Umlauf der rheinischen Gulden ergibt sich aus den Funden, vor allem, wenn sie gehäuft vorkommen, aus den Schatzfunden. Daraus ist zunächst zu entnehmen, dass der rhei-

89 Denzel 2013, S. 87 f.
90 Denzel 2013, S. 88 f.
91 Denzel 2013, S. 100. Der Schwerpunkt des wirtschaftlichen Geschehens verlagerte sich im 15. Und 16. Jh. nach Nordwesteuropa (ebenda, S.100 f).
92 Emmerig 2007, S. 574 ff.
93 Kühnel 2006, S. 34.
94 Emmerig 2007, S. 564, ff., 573 ff.

nische Gulden um 1400 begann, dem bisher dominierenden ungarischen Gulden Konkurrenz zu machen, ja zu verdrängen. Diese Tendenz gilt für den deutschen Bereich, einschließlich Franken/Bayern, aber nicht mehr für den österreichischen Raum. Dort blieb es bei der Vorherrschaft des ungarischen Gulden und des gleichwertigen venezianischen Dukaten[92]. Dies schloss aber nicht aus, das man sich auf die rheinische Währung bezog. So wurden in Krems 1475 Vergehen gegen Mess- und Gewichtsvorschriften mit Bußen nach „rheinischen Gulden" geahndet[93] Aus der Fundlage ist weiter zu schließen, dass die rheinische Währung noch über 100 Jahre später nach ihrem Auftritt, zwischen 1460 bis 1500, zahlreich in den Hortfunden vertreten ist[94]. Erst um 1500 ging die Bedeutung des rheinischen Guldens zurück, um dem Dukaten Platz zu machen. Entsprechend endeten auch die Verträge der Kurfürsten in den Jahren 1515/1537 hinsichtlich des Guldens. In Mainz wurde 1543 unter Albrecht von Brandenburg der letzte geprägt. Spätere „Gulden" unter Daniel Brendel von Homburg (1571/1572) und Wolfgang Kämmerer von Dalberg (1586/1593 und 1597) sind nur noch nostalgische Reprisen. Aus ihrer Seltenheit ist zu schließen, dass sie nicht für den Umlauf vorgesehen waren. Die spezielle „Guldenprägung" im Interesse des Bistums Würzburgs 1626/1627 wird unten (S. 104) behandelt. Auch sie gehört nicht mehr zur regulären rheinischen Goldguldenproduktion. Es ist bemerkenswert, dass unmittelbar danach der Dukat 1628 seinen Einzug in Mainz hielt.

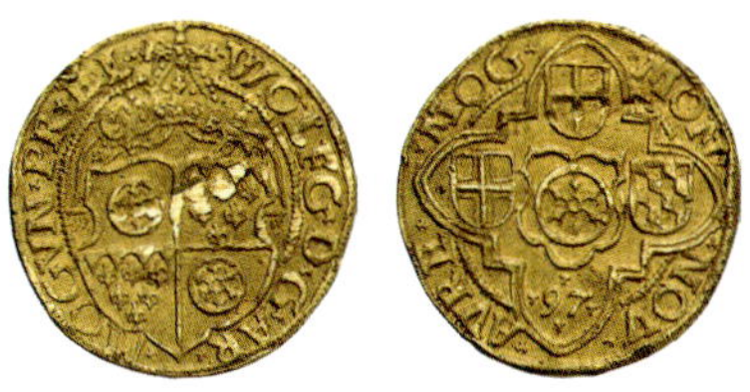

Der letzte Mainzer (Doppel)Gulden 1597

V

Rang und Gesellschaftsordnung

Die Kurfürsten sahen sich als die wichtigsten Reichsfürsten, als seine Säulen. Damit gelangen wir zu einer zentralen Konstante in der Wertordnung des Mittelalters, dem Rang im Gefüge der Gesellschaftspyramide. Die mittelalterlichen Rechtshandschriften Sachsen- und Schwabenspiegel weisen z. B. nachdrücklich mit der Heerschildordnung und Lehnspyramide auf die gottgegebene Ordnung der Gesellschaft hin. Dabei kann in diesem Rahmen dahin gestellt bleiben, in wieweit sich Theorie und Wirklichkeit damals noch entsprachen. Das konsequente Pochen auf die kurfürstliche Sonderstellung (Prärogative) im verfassungsrechtlichen Rahmen des Reichs als dessen „nostri pars corporis ipsi" – so formuliert es die Goldene Bulle in Titel 24 - erforderte permanente Behauptung (dazu unten S. 112). Dies gilt natürlich noch dringlicher für die Veränderungen zu ihren Gunsten, wie sie sich in den Augen der Öffentlichkeit seit 1338 vollzogen. Gerade sie zwangen zu ständiger Wachsamkeit, um nicht wieder zurückgedrängt zu werden. Erst nach langjähriger Praxis konnten sie dem „Herkommen" zugerechnet werden und wurden dadurch allgemein verbindlich. Der damit verbundene Anspruch auf Achtung ihrer Stellung richtete sich nicht nur gegen alle Außenstehende, sondern war auch von Gleichgestellten, den „Kollegen", hier den weiteren Kurfürsten, zu beachten. Auch bilden die in der Goldenen Bulle verankerten detaillierten Vorschriften zur Wahl, zum Krönungsverfahren und Krönungsmahl, ein grundgesetzlich formuliertes Ranggeflecht[95]. Dasselbe gilt gleichermaßen für sonstige Formen der Repräsentation im ständischen Bereich: wie die festlichen Einzüge der Herrschenden in die Städte, Klöster usw. [96]. Auch die Kleidung diente der Unterscheidung von anderen Fürsten. Die Kurfürsten trugen einen etwas „höheren und breiteren Fürstenhut, der mit Hermelinpelz besetzt war" [97]. Der Kurhut ist bis zum Ende des Reichs integraler Bestandteil der Wappenseite der Münzen und Medaillen. Gerd Althoff ist der hervorgehobenen Stellung der Kurfürsten in einem besonderen Kapitel „Symbolische Ausdrucksformen der Kurfürstenwürde" nachgegangen[98].

1. Mainz als Vorort des Rheinischen Münzvereins

Auf ihren Münzen finden sich unausgesprochen, aber erkennbar, diese Muster der Rangordnung wieder. Sie setzen sich auch und strikt innerhalb des Gremiums fort. So wird die Vorrangstellung des Mainzers fast durchgehend auf den Gemeinschaftsprägungen bestätigt; dabei spielt auch der gute Ruf der Mainzer Goldgulden mit dem Markenzeichen des Rades eine Rolle. Er trug entscheidend zum Vertrauen auf die Solidität der neuen Gemeinschaftswährung bei[99]. Zudem werden die jeweiligen Vertragsparteien auf der Rückseite in einer bestimmten Ordnung ihrer Wappen aufgeführt[100]. Am Beispiel eines Kurpfälzer Goldguldens wird dies deutlich. Im Vertrag von 26. 1. 1391 von Boppard wurde für die Rückseite ein Dreipass vorgesehen, in dessen Mitte der Schild des Prägeherren (Herz- oder Familienschild) stehen sollte. Wie salopp die Numismatik gelegentlich mit solchen damals bedeutungsvollen Zeichen umgeht, wird nicht nur in der folgenden Veröffentlichung deutlich. Dazu wird in einem -im Übrigen reich ausgestatteten Buch zur Goldprägung im Mittelalter- ausgeführt: In der oberen Reihe der Wappen finden sich „links oben der Mainzer Erzbischof, rechts der Trierer Oberhirte...und unten der Kölner Kurfürst..."[101]. An diesem Zitat wird klar, warum die Beschreibung des Guldens nicht nur nicht vollständig ist, sondern auch die

95 Schwegler 2005, S. 156 ff.
96 Althoff, 1997 S. 230 ff.
97 Schwegler 2005, S. 163.
98 2003 I, S. 177 ff.
99 Weisenstein 2002, S. 111. Schon in früheren Verträgen einzelner Kurfürsten z. B. 371 wurde auf den Mainzer Gulden verwiesen (ebenda).
100 Link 1989, S. 250.
101 Bundesbank 1982, Tafel 38; der Katalog ist im Übrigen sehr gut mit Abbildungen ausgestattet und mit vielen nützlichen Informationen, auch zum rheinischen Münzverein, versehen (S. XXI ff. und unter F 8-F 11 und R 1-R 30).

Bedeutung der Anordnung der Wappen ignoriert. Die Heraldik hält dazu zwei Antworten parat. Erstens: Die vom Betrachter aus gesehen linke Seite ist heraldisch die rechte[102]. Zweitens: Diese (rechte) Seite ist die vornehmere gegenüber der linken[103]. Das war allen interessierten Kreisen bewusst, denn man konnte ja selbst von einer Nichtbeachtung betroffen sein. Unter solchen Aspekten wird der Mainzer Kurfürst auch gegenüber seinen anderen geistlichen Kollegen hervorgehoben, was sich von seinen verfassungsrechtlich garantierten Ämtern als Erzkanzler des Reichs (archicancellarius per Germaniam) und der Leitung von Wahl und Krönung des Reichsoberhaupts herleitet. Im Grunde war Kurmainz der „Vorort“ des Münzvereins. Schon auf Grund seiner zentralen Lage bildete das Erzbistum den natürlichen Mittelpunkt. Es beherrschte mit der Mainmündung nicht nur den Zugang zu dieser Ost-West-Wasserstraße, sondern auch den Handel auf dem Wasserweg zur Messestadt Frankfurt. Gleichzeitig rundete er seine Dominanz mit den Zollstätten Lahnstein an der Mündung der Lahn in den Rhein, Ehrenfels gegenüber der Nahemündung bei Bingen und vor allem Höchst am Main rundum einzigartig ab. Mit anderen Worten: In seinem Bereich „spielte die Musik“, ohne den Mainzer hätte es keine attraktive Nord-Süd- und Ost-West- Verbindungen gegeben, was meist nicht erkannt wird! Es gab also keine adäquate Alternative. Ergänzt wurde die Mainzer Position durch die Münzstätten, strategisch positioniert in Oberlahnstein, Lorch, Eltville und Bingen, später Mainz und Höchst.

2. Auf dem Weg zur Reichswährung ?

In dem kurrheinischen Vertrag von 1391 wird außerdem auf der Vorderseite ein Adler zu Füßen des heiligen Johannes des Täufers platziert. Auch mit diesem Zeichen wird der Anspruch auf reichsweiten Respekt vor dem Kurkolleg und seinem Prägerecht formuliert. Zum anderen soll der „Vertragsadler“ wohl auch die erneute Festschreibung der Feinheit von 23 Karat, die zwischenzeitlich nicht mehr eingehalten war, garantieren. Korrekterweise wählte man nicht die Form des doppelköpfigen (nimbierten) Reichsadlers, sondern einen einköpfigen, nach rechts gewandten Adler. Mit dem Adler befinden wir uns noch auf der Vorderseite des oben bezeichneten Pfälzer Goldguldens mit der Angabe des Pfalzgrafen als verantwortlicher Prägeinstanz. Gleichzeitig wird der Hinweis auf den Prägeherrn mit den weiteren vorgeschriebenen Bestandteilen auf der Rückseite des Münzbilds verknüpft. Auch dieses bildet in der Wahrnehmung der Zeitgenossen wieder ein Muster. In der Mitte der hervorgehobene Schild des Prägeherrn Pfalz/Bayern, in den Winkeln des Dreipasses die kleinen Wappen der Vertragspartner. Dabei ist festzuhalten, dass das „Lesen" von Bildern ein „Wissen" seiner Bedeutung voraussetzt[104]. Das wird vor allem im Zusammenspiel von Schrift und Bild auf den Münzen relevant. Beide ergänzen sich: "das Bild macht das...Niedergeschriebene einsichtig"[105]. Übrigens ist dieser Gulden insofern eine Besonderheit, als er in dem rechten oberen Winkel für Mainz das Familienwäppchen von Konrad von Weinsberg (reg. 1390-1396) enthält. Normalerweise steht für Mainz immer das Rad. Auch dies ein Hinweis auf die Wichtigkeit der Mainzer Präsenz mit ihrem einmaligen Wiedererkennungswert![106].

3. Die Allianz mit den Heiligen

Ursprünglich zeigen die Vertragsmünzen auf der Rückseite den stehenden heiligen Johannes den Täufer[107]. Man fragt sich, warum dieser Heilige gewählt wurde. Eichelmann widmet zwar den Heiligen ein ganzes Kapitel[108], doch scheint mir seine These, die Wahl des Heiligen habe den Hinweis auf das Konzil zur Erneuerung der Kirche bedeutet, weit hergeholt[109]. M. E. liegt die Anknüpfung an den Gulden mit diesem Heiligen aus Florenz, den Floren, auch

102 Biewer 2007, S. 43, 52.
103 Filip 2000, S. 28. f.
104 Claudia Brinker-von der Heyde 2007, S. 101.
105 Claudia Brinker-von der Heyde 2007, S. 100 f.
106 Steinbach 2022, S. 40: „...hier wird die Schriftinformation quasi zu einer (Schrift-)Bildinformation, deren bewusste „Nichtveränderung" (Non-Alterität) den Absatz sichert".
107 Felke 1989, Nrn. 471 ff.
108 Eichelmann II, S. 300 ff.
109 Wie vor, S. 312.

Florin genannt, hier wegen der Bekanntheit und des Renommees hinsichtlich der Feinheit des Goldes, auf der Hand: Es gibt keine Hinweise auf eine besondere Präferenz im Rheinland im Sinne einer bevorzugten Johannesverehrung. Man übernahm ihn pragmatisch aus dem Vorbild, der Florentiner Guldenprägung[110]. Es kommt hinzu, dass der heilige Johannes während der Renaissance einer der am häufigsten abgebildeten Heiligen war[111]. Damit wurde er zu einem weiteren Erkennungszeichen der kurrheinischen Prägung, gerade wichtig in der ersten Zeit der Einführung. Auch weitere Nachahmungen bedienten sich in Europa ohne Skrupel des Vorbildes. Natürlich war mit dieser Verknüpfung ein Zeichen für die Solidität der Prägungen verbunden. Häufig hält der auf den Gulden dargestellte Heilige bzw. später der Erzbischof (im Fall der geistlichen Kurfürsten) ein Buch in der Hand[112]. Dieses Detail stellt eine weitere Verbindung zur christlichen Glaubenslehre dar. Es repräsentiert das Buch als „wechselseitige Stellvertretung von Buch und Corpus: Christus erscheint als Buch oder im Buch, das Buch steht für den leibhaftigen Christus“[113].

4. Der Stiftsheilige Martin

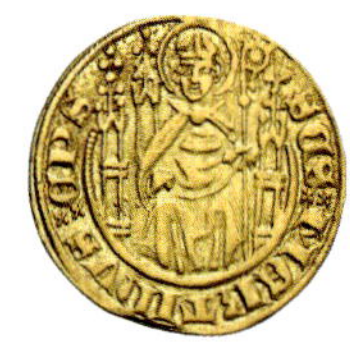

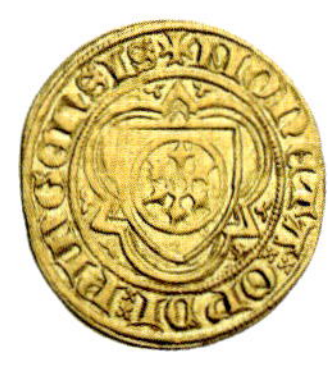

Sedisvakanzgulden mit St. Martin, 1396

Im Mainzer Bereich trat häufig der Stiftsheilige Martin an die Stelle des Täufers. Dies beginnt unter Konrad II. von Weinsberg mit seiner ausschließlich für Mainz erfolgten (sogenannten „autonomen“) Prägung 1394/1395. Diese ist damit keine Vereinsprägung. Sonst war St. Martin bei den Sedisvakanzen auf den Münzen des Domkapitels gegenwärtig. Der heilige Martin sitzt nun, besser thront, und wirkt so mit vermehrter Autorität auf den Betrachter. In der nach dem Tode Erzbischofs Konrad von Weinsberg am 19. 10. 1396 beginnenden Sedisvakanz, die bis in die Mitte des Folgejahres andauern sollte, wird St. Martin erneut als Hüter des Erzstifts erkennbar[114]. Auch diese Verankerung auf der Münze zusammen mit dem Erzstift bzw. dem Kurfürsten ist sicher ein „Zeichen" für die besondere Verbundenheit von Mainz und dem Heiligen, unter dessen Schutz man sich sah. Nach solchen Intermezzi wechselte wieder Johannes der Täufer auf die Prägungen von Mainz, während er nach wie vor auf denen des Kurvereins beibehalten worden war[115]. Er wird wieder in stehender Haltung dargestellt. Ab dem Vertrag von 1404 wurde das gemeinsame Heiligenbild zunächst abgeschafft. Köln wählte z. B. jetzt den thronenden Petrus[116]. 1417 „wurde der seit Bestehen der Florene und Gulden so beliebte heilige Johannes entthront"[117]. Es folgte der heilige Petrus. Dann kehrte man allgemein anfangs des 15. Jahrhunderts wieder zum stehenden Johannes Baptista und wahlweise auch zu Petrus zurück, ebenso in Mainz 1419[118]. Zeitweise wurde mit einer nicht urkundlich überlieferten Vereinbarung (wohl 1426) die Heiligendarstellung überhaupt aufgegeben[119]. Statt ihrer stellten sich die Münzherren selbst als Erzbischöfe bzw. der Pfälzer als weltlicher Kurfürst in den Mittelpunkt. Zeichen der erzbischöflichen Würde waren das Obergewand, die Kasel, der Krummstab und die Mitra, die spitz zulaufende Kopfbedeckung. Beim Mainzer Erzbischof diente die Mitra übrigens auch zur Gliederung der Umschrift auf der Vorderseite, so etwa bei Konrad III. von Dhaun. Bei dessen Vereinsprägung nach dem Vertrag vom 12. 6. 1425 erscheint erstmals der thronende Christus, der die

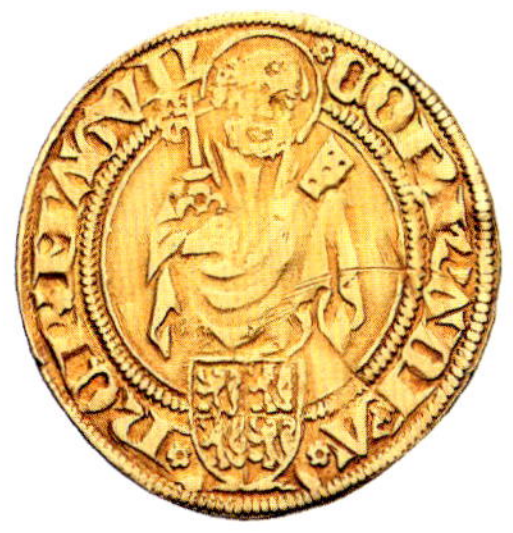

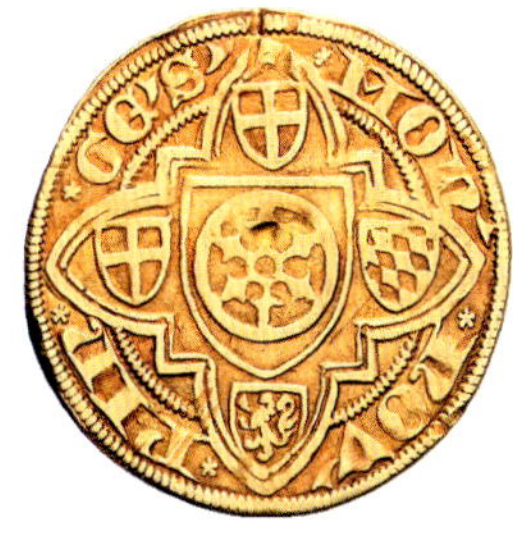

Gulden mit St. Petrus (1420/1421)

110 Link 1989, S. 250
111 Carr-Gomm 2020, S. 110 f., 126 f.
112 Link 1989, S. Nr. 4 ff.
113 Wenzel 2000, S. 15 ff.
114 Felke 1989, Nrn. 569 ff.
115 Felke, 1989, Nrn. 574 ff.
116 Felke, 1989, Nrn. 708 ff.
117 Diepenbach 1949 S. 103.
118 Slg. Pick, Nr. 149 (Petrus 1419).
119 Felke 1989, S. 222.

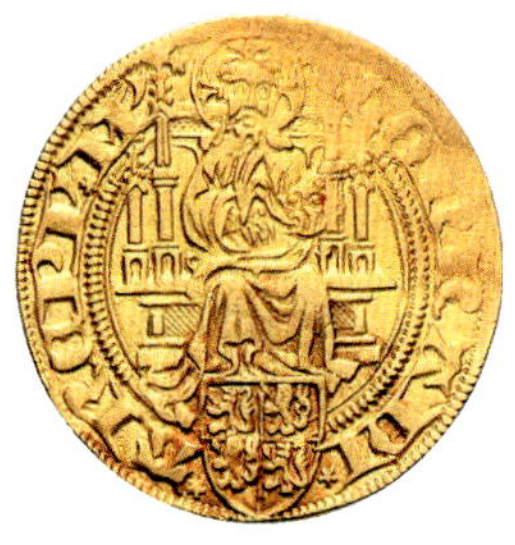
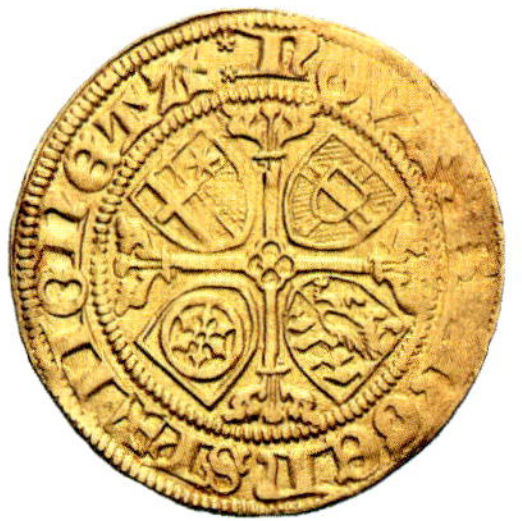

Gulden mit Christus (1425/1426)

Petrusfigur ablöst. Damit war sicher mit den Gulden von 1425/1426 die höchste Stufe der Autorität infolge der göttlichen Verbindung erreicht[120]. Warum die Berufung auf Christus nur eine Episode blieb? Nach der Auffassung Diepenbachs[121] könnte beim Wechsel der Konkurrenzkampf mit den königlichen Münzstätten und deren Erbpächter Konrad von Weinsberg eine Rolle gespielt haben. Die Antwort könnte aber auch lauten, dass man sich nun selbst als mächtige (Herrscher)gestalten in Szene setzen wollte. Beide Interpretationen schließen sich nicht aus. Zutreffend beurteilt Klein in seinem Beitrag zum Numismatikertag 1991 die Entwicklung der rheinischen Gulden als Ausdruck „eines politischen Selbstverständnisses"[122].

---

120 Slg. Pick, Nr. 155.
121 1949, S. 105.
122 Klein 1991, S. 63, 65.

VI

Die Strategie der Gestaltung

Nach Gerald Schwedler[123] „kann jede Handlung (ergänze: auch Darstellung) in einem sozialen und politischen Umfeld als Ausdruck von Machtbeziehungen gewertet werden". Dadurch dass der Kurfürst entweder selbst die Bildmitte ausfüllt, vor allem auf den autonomen Prägungen, konzentriert sich der Betrachter auf dessen Gestalt als weltlicher bzw. geistlicher Kurfürst. „So manifestiert sich Herrschaft bereits visuell im räumlich beanspruchten Volumen der Herrscherfigur im Gesamtensemble der Darstellung"[124]. Wie in der Malerei drückt „die Positionierung in der Mitte.... zudem zeitliche Beständigkeit aus"[125]. Die Umschrift dient der weiteren Identifikation. Tritt bei den Erzbischöfen noch Mitra und Krummstab hinzu, erhöhen diese Attribute deren Stellung. Im Mittelalter wird eine Fülle an Körperzeichen, Gebärden und Gesten, als Mittel der nonverbalen Verständigung benutzt[126]. Auf den rheinischen Prägungen übernimmt z. B. die das Schwert haltende Hand des Pfälzers diese Aufgabe. Es ist klar, dass damit Herrschaft und wohl auch die Durchsetzung von Rechtsregeln gemeint sind. Als Reichsvikar während einer Thronerledigung leitete er ja das Vikariatsgericht. In der Person des Erzbischofs wird die damit vermittelte Verbindung zur göttlichen Autorität noch zusätzlich bekräftigt, wenn der Kirchenfürst mit der segnenden

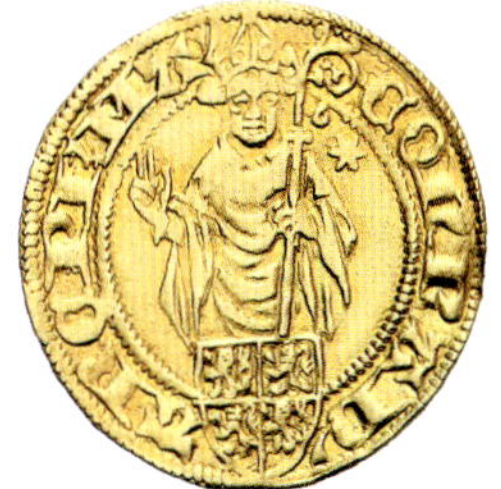
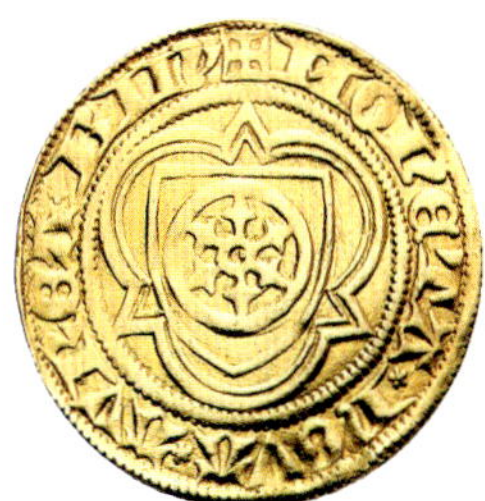

Der Erzbischof im Mittelpunkt (1427/1428)

123 Rituale als Ausdruck von Herrschaft, in: Abos 2005 S. 171 ff.

124 Wenzel 2005, S. 400.

125 Wolf 2012, S.88

126 Wenzel 2005, S. 158 ff.

Hand auftritt (Segnungsgestus). Mit Dietrich von Erbach (reg. 1434-1459) endete jedoch diese Form der Selbstinszenierung. Bis zum Ende des Münzvereins behielt man das standardisierte „Porträt“ eines Heiligen, Erzbischofs bzw. Pfalzgrafen bei. Auch dieser Beitrag zum Wiedererkennungswert trug sicher zur Popularisierung der rheinischen Gold- und Silbermünzen bei.

1. Die Bedeutung der Wappenseite

Eine zentrale Funktion haben auch die Wappen auf der Rückseite der Münzen, mit Recht auch „Wappenseite“ genannt. Sie repräsentiert erneut den Münzherrn, dessen Wappen als Mittelschild in Form des Familienwappens oder weltlichen Herrschaftsschilds (etwa Pfalz/Bayern) bzw. des Stiftschilds (bei den geistlichen Kurfürsten) auftauchen kann. Die Nennung der Münzstätte verbindet schließlich den Münzherrn als einzigen erkennbaren Garanten mit der Produktion der Münzen. Im Ergebnis zentrieren beide Seiten der „Medaille“ den Kurfürsten als Mittelpunkt. Mit

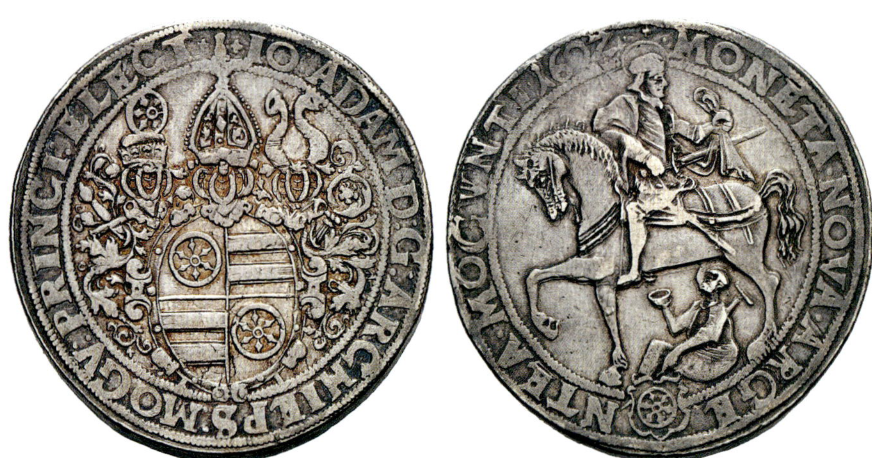

Doppeltaler mit Wappen und der Mantelszene (1602)

127 Kluge 2007, S. 48; Steinbach 2021/II, S. 70.
128 Wenzel 2005, S. 136.
129 Weisenstein 2002, S. 111.
130 Voss 2004, S. 34.

anderen Worten: Man erkennt die „Darstellung des Münzherrn als Topos“[127]. Oder wie Horst Wenzel formuliert: „Der Inhaber eines Wappens verfügt über die Möglichkeit, nicht nur da zu sein, wo er sich selbst befindet, sondern auch dort, wo er sein Wappen anbringt. Er verdoppelt sich selbst in eine physische und mediale Person“[128]. Ich bin der festen Überzeugung, dass das Mainzer Stiftswappen, das Rad, einen unübersehbaren, ja entscheidenden, Beitrag zum Erfolg des rheinischen Goldguldens geleistet hat. In erster Linie wegen der leichten Wiedererkennbarkeit analog zum „Raderalbus“ und „Raderpfennig“, deren Popularität eindeutig mit dem „Mainzer“ Rad verknüpft war. Es war das eigentliche Markenzeichen und stand für Kontinuität , während die Wappen der übrigen Mitglieder des Münzvereins auch durch den Wechsel der Familienwappen dafür nicht geeignet waren. Ohne das Mainzer Rad wäre der kurfürstlichen Gemeinschaftsprägung kein solcher Erfolg beschieden gewesen[129].

2. Das neue Bild des Gulden 1436

Schon kurz nach Beginn der Regierungszeit Dietrich von Erbachs (ab 1434-1459) beginnt eine neue Ära in der Gestaltung der kurrheinischen Münzen. Sie besteht nicht nur in der erstmaligen Datierung der Gulden, sondern sie werden, wie man heute sagen würde, 1436 mit einem ganz neuen Layout ausgestattet. Vor dem Regierungsantritt Dietrichs von Erbachs hatten die rheinischen Kurfürsten große Einigkeit demonstriert, indem sie 1425 nicht nur einen neuen Münzvertrag, sondern den Kurverein wieder belebt hatten[130]. Erstaunlicherweise begannen alle vier Kurfürsten gleichzeitig mit der Prägung 1436 auch bereits vor dem Bekanntwerden des Vertrags vom 17. 9. 1437! Es muss demnach

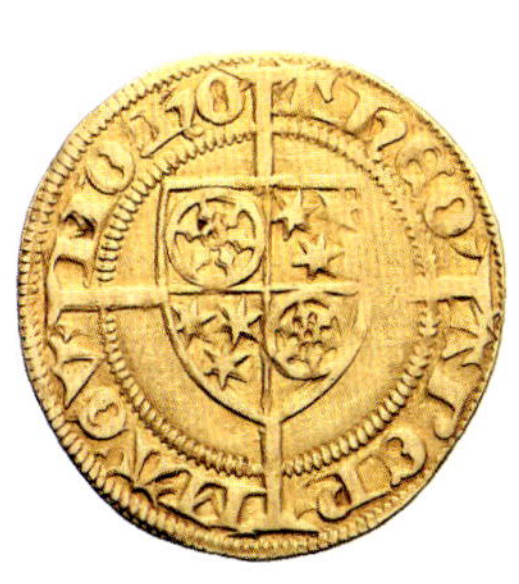

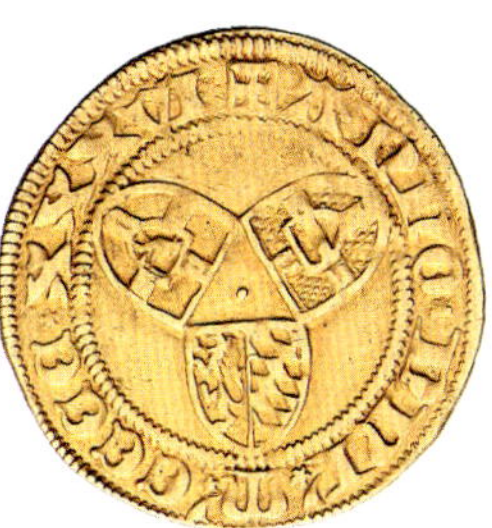

Erster datierter Gulden ohne Heiligen 1436

eine frühere entsprechende Festlegung gegeben haben. Was die Gestaltung so überraschend macht, ist der Verzicht auf jede personalisierte Transzendenz: Kein Heiliger erscheint mehr auf den Gulden. Mit „anno domini" bleibt es bei einer allgemeinen Formel mit Gottesbezug auf der Rückseite. Im Mittelpunkt steht der jeweilige Kurfürst als Herr der Prägung. Dieser wird namentlich aufgenommen. Im Übrigen sorgt die Anordnung von Wappen für ein ausgewogenes, auf einander abgestimmtes Miteinander beider Seiten der Münze! Die Vorderseite wird von dem vierfeldigen Schild mit Landes-/Stiftswappen des Prägeherren auf einem befußten Langkreuz dominiert. Symbolisch erscheint auch die Einbettung von Landes- und Familienwappen in bzw. unter das Kreuz und seinen Schutz. Die Rückseite enthält außerdem die ins Dreieck gestellten kleinen Familienwappen der drei weiteren Vertragspartner. Insgesamt eine sicher schon von den Zeitgenossen so wahrgenommene Demonstration der kurfürstlichen Prärogative. Diese „modern" anmutende Gestaltung wurde von Diether von Isenburg während seiner beiden Regierungszeiten (1459-1462 und 1475-1482), wenn auch nicht ausschließlich, weiter genutzt[131]. Ob ein Grund für die neue Konzeption der Schutz vor Nachahmungen war, ist möglich, war m. E. aber nicht entscheidend. Es hätte wie in der Vergangenheit eine Änderung im Detail ausgereicht, um die Neuprägung zu signalisieren. Man kann vermuten, dass man unter dem Einfluss der Renaissance mehr Wert auf einen Anschluss an die Moderne beweisen wollte. Unter den Nachfolgern des Isenburgers wurde die heraldische Ausrichtung der Prägung jedoch wieder aufgegeben. Der Kurverein kehrte nun endgültig zum thronenden Christus zurück. Auf wen die radikale Veränderung des Münzbildes mit ihrer graphischen Reduktion auf heraldische Zeichen zurückging oder welches Ereignis diese Form beförderte, lässt sich bisher nicht ein-

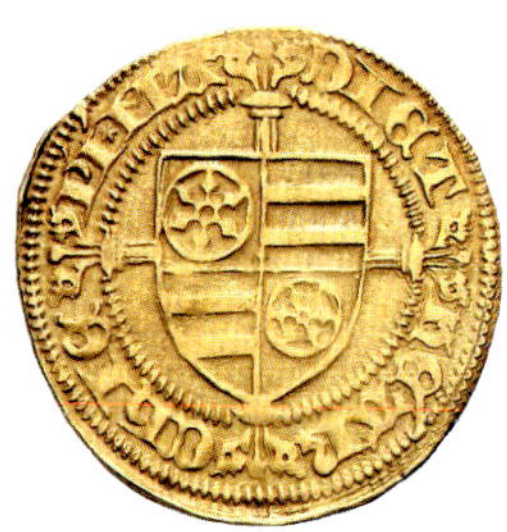
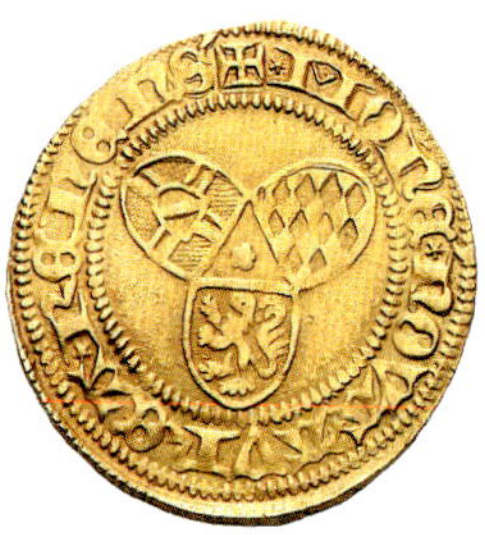

Ein weiterer Gulden ohne Heiligen (1475/1482)

deutig klären. Die Frage ist ersichtlich bisher nur am Rande in der Literatur behandelt worden[132]. Wenn gesagt wird, dass man die Änderung wegen der zunehmenden Nachahmungen geändert habe, greift dies zu kurz[133]. Neben der jetzt begonnenen Datierung lag es wohl im Zeitgeist, Herkunft und Familie zu betonen, denen der (offensichtlich) gemeinsame Stempelschneider Konturen verlieh. Ob Dietrich von Erbach mit seinem Beitritt zum Münzverein am 25. 1. 1435 den Anstoß gegeben hat, ist durchaus vorstellbar[134]. Denkbar ist auch, dass man dadurch die Unabhängigkeit von der römischen Kurie dokumentieren wollte, um vor allem ihren Versuchen der Einmischung in die Kaiser- bzw. Königserhebung zu begegnen.

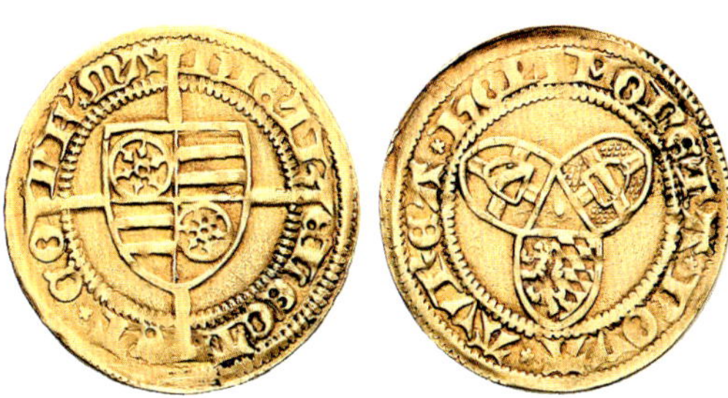

Electus et confirmatus (1476/1477)

3. Ausweis der eigenen Bedeutung

Dafür spricht auch das nunmehr erkennbare Selbstbewusstsein der Kurfürsten, die ihre Unabhängigkeit von anderen Instanzen sichtbar machen wollten[135]. Bereits 1437 beeilten sich die Kurfürsten, einen neuen Münzvertrag abzuschließen. Gleichzeitig gelang eine Vereinbarung über eine gemeinsame Zollpolitik[136]. Während der Thronvakanz nach dem Tode Kaiser Sigismunds 1438 geboten die rheinischen Kurfürsten den Verantwortlichen der Reichsmünze in Frankfurt, den Betrieb einzustellen[137].

131 Slg. Pick, Nrn. 195, 213.
132 Vgl. Eichelmmann 2014 I und II.
133 Karl Weisenstein 2021, S. 549 ff. (559). Kein Kommentar dazu findet sich bei Diepenbach 1949, obwohl er den Vertrag als „auffallend" bezeichnet (ebenda, S. 107).
134 Voss 2004, S. 33.
135 Klein 1991, S. 63.
136 Voss 2004, S. 33 f.
137 Voss 2004, S. 34 Fn. 38.

Um 1456/1459 wurde mit dem Goldgulden nach dem Vertrag von 1454 die Kurmainzer Goldprägung in Bingen aufgegeben, während die Emission von Silbermünzen noch bis 1461 bestehen blieb. Die Münzstätte wurde in diesem Jahr endgültig nach Mainz verlegt[138]. In Höchst wurde der „Wappengulden" noch bis 1461/1462 geprägt, später wieder ab 1477 in Mainz (bis 1482). Das erfolgte auch in Oberwesel (für Trier), Heidelberg (für die Pfalz) und Mülheim (für Jülich-Berg), so dass er rund 45 Jahre das Markenzeichen des Rheinischen Münzvereins war! Im Oktober 1464 war zwar eine neue Gestaltung der Vorderseite mit dem thronenden Christus gewählt worden, der ein Buch in der Linken hält. Dieses Bild war aber nur eine Interimslösung, denn 1477 einigte man sich erneut auf einen „Wappengulden", nunmehr auf der Vorderseite mit einem Blumenkreuz. Bis zum Tode Diethers von Isenburg 1482 wurde er in Mainz geprägt.

4. Um den Rang wird gerungen

Ein weiterer Gulden des Kölner Kurfürsten Pfalzgraf Ruprecht (reg. 1463-1480) aus der Münzstätte Bonn[139] beweist, wie penibel man mit den Rangkriterien umging. „Rang spielte auch im geistlich-kirchlichen Bereich eine zentrale Rolle"[140]. Althoff fasst zusammen: „Die ganze Herrschaftsrepräsentation, das ganze Herrschaftszeremoniell, das wir vom Früh- bis zum Spätmittelalter beobachten können, ist durchsetzt, ja dominiert von Akten, in denen und mit denen zeichenhaft die Ordnung...und damit nicht zuletzt ihr Rang zum Ausdruck kamen. Das Gewicht der Ränge und des Rangdenkens spiegelte sich in den mittelalterlichen Ordnungen nicht nur in einer Kultur der Zeichen und Symbole, die jedem Wissenden mit allen nötigen Informationen

138 Felke 1989, S. 272, 283.
139 Bundesbank 1982, Tafel 53.
140 Althoff 2003/ II, S. 277.
141 Ebenda, S. 276 f.
142 1989, S. 250.
143 Zitat bei Eichelmann 2014/II, S. 236 ohne Angabe der Quelle.
144 Felke 1989, S. 217.

versorgte, der Rang objektivierte sich in diesen Zeichen“[141]. Man kann hinzufügen, dass diese Zeichen besonders für geistliche Fürsten unabdingbar waren, denn ihre Bedeutung gründete sich nicht auf militärische Macht. Auch Link stellt richtig fest: „Bei den Binger Goldgulden füllt also der Schild mit dem Mainzer Rad die Mitte des Rückseitenbilds, während in einer Anordnung, die auch eine Rangfolge ausdrückt, die Wäppchen der Erzbischöfe von Köln, Trier und des Pfalzgrafen bei Rhein in den Dreipass-Spitzen stehen“[142]. Im Gegensatz zu dieser Erkenntnis schrieb noch Noss[143]: „Die Reihenfolge der Wappen ist auf den verschiedenen Gulden nicht geändert, nur die Stellung, indem man die Schilde um ein bzw. drei Sechstel verschoben hat. Mit der kurfürstlichen Rangordnung hat dies nichts zu tun; diese stand damals seit Jahren fest. Meiner Ansicht dient die Wappenstellung lediglich zur Kennzeichnung der verschiedenen Ausgaben desselben Jahres...“. Dass diese Interpretation überholt ist, folgt aus der heutigen modernen Auffassung zur Bedeutung der Rangordnung. Leider geht Eichelmann nicht darauf ein, sondern beruft sich unkritisch auf Noss! Anders Felke, der minutiös die Schritte auf dem Weg der Veränderungen der Wappenfolge nachvollzieht[144]. Manchmal hat man den Eindruck, dass persönliche Animositäten der Grund für die Ignorierung bzw. Verzögerung bei der Revision der Reihenfolge waren. So ist das Mainzer Rad auf den Kurkölner Prägungen

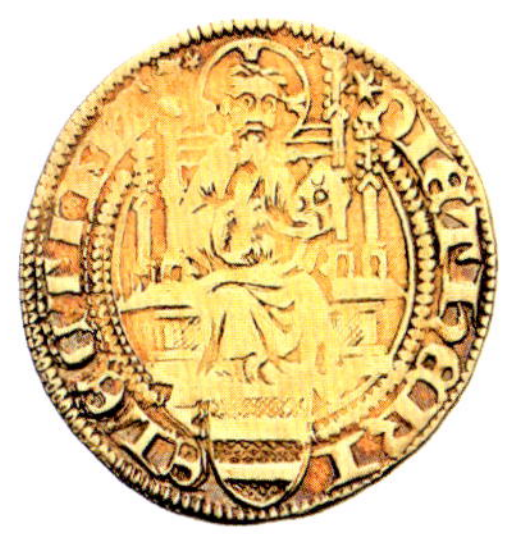
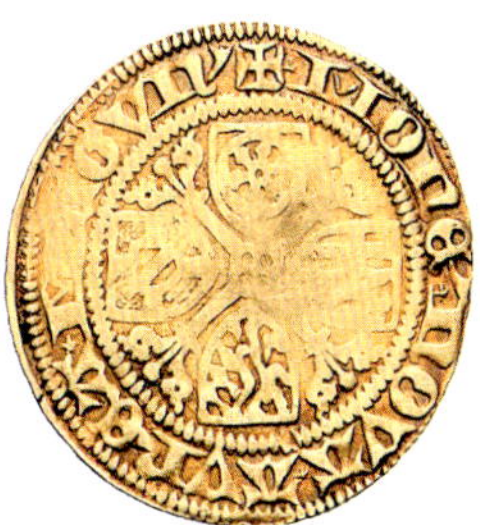

Gulden mit Erzbischof als Electus (1475 / 1476)

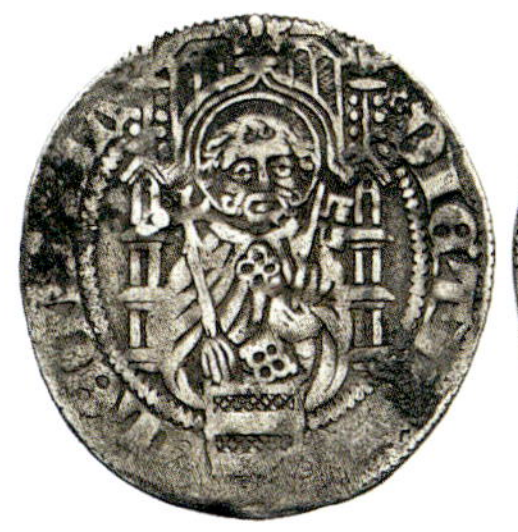
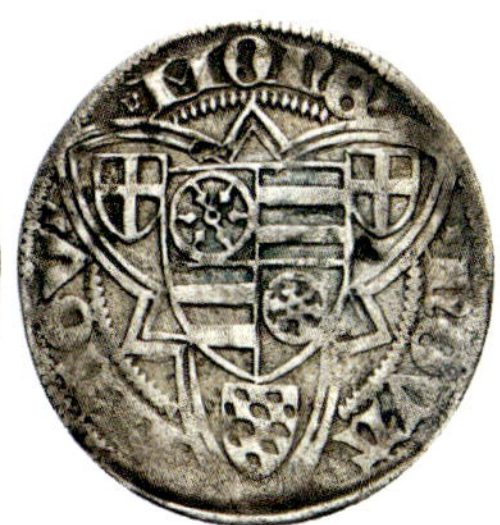

Albus mit Electus (1475 / 1476)

nach dem Vertrag vom 12. 6. 1425 auf der untersten Stelle platziert. Allerdings hielt die Vereinbarung nur ein Jahr. Vielleicht war die „Herabsetzung“ der Grund für die Auflösung. Erst 1437 kehrte man allgemein zu der korrekten Reihenfolge zurück. Festzuhalten gilt, wie groß die Bedeutung in der mittelalterlichen Welt die „gottgegebenen“ Ordnung für ein Gemeinwesen war, das wegen seiner weithin nicht gesetzlich bestimmten Grundlagen auf Konsens und Bekräftigung der hierarchischen Gliederung angewiesen war.

5. Die Vertragspartner

Was fast nie beachtet wird, ist die Frage nach den eigentlichen Vertragspartnern im Rahmen des Münzvereins. Eine Ausnahme macht hier Klüßendorf, der auf die personale Änderungen auf der Wappenseite hinweist[145]. Vertragspartei war der jeweilige Kurfürst ad personam, nicht etwa das durch ihn repräsentierte Kurfürstentum! Das hatte Konsequenzen, die auf den Münzen abgebildet wurden. Starb der Landesherr, schied der betreffende samt dem von ihm repräsentierten Kur(Staat) aus. Der Vertrag wurde von den verbleibenden Personen, falls sie so entschieden, fortgesetzt. Der Nachfolger konnte dem Vertrag erst mit allseitiger Anerkennung beitreten. Für die Zwischenzeit war er „nicht vorhanden“ oder im Fall der geistlichen Kurfürsten, er befand sich im Übergangsstadium von „electus“ (gewählt) über „confirmatus“ (bestätigt) bis zum anerkannten „archiepiscopus“ (Erzbischof).
Man berücksichtigte wegen des Rangdogmas nicht nur Sedisvakanzen, sondern zog auch die jeweilige Position des Nachfolgers in einer Art Stufenfolge bis zur Bestätigung der Nachfolge in Betracht. Erst mit Bestätigung von Kaiser und Papst konnte er in den Kreis der Kurfürsten aufgenommen werden und erst damit (vollgültiges) Mitglied des Münzvereins sein. So wurde im Rahmen des Münzvereins von 1419 nach dem Tode Johanns II. von Nassau im gleichen Jahr der zuvor an oberster Stelle im Vierpass der Rückseite verankerte Mainzer Schild an die zweite Rangstelle gerückt. Immerhin diente der Mainzer Schild sozusagen als „Platzhalter“ und

wurde nicht entfernt. Ab dem neuen mit Konrad III. von Dhaun 1420 geschlossenen Vertrag rückte Mainz wieder auf die oberste Rangstelle.

Wenn man unter diesen Voraussetzungen die kurpfälzische Münze der Bundesbank nach dem Bopparder Vertrag von 1464 betrachtet, wird folgendes Ergebnis deutlich: Die Vorderseite wird vom thronenden Christus dominiert, in der Umschrift ist Ruprecht von der Pfalz als Kölner Erzbischof erkennbar. Die Rückseite wird von einem Langkreuz gegliedert, in dessen Winkeln die Schilde der Vertragsparteien stehen. Dabei findet sich der Mainzer auf der untersten Stufe wieder und auch nicht mit dem Familienwappen wie die übrigen Vertragspartner, sondern mit dem Mainzer Stiftsschild. Hierzu wird in dem Katalog der Bundesbank ausgeführt: *„Auffallend ist, daß der Mainzer Erzbischof nur mit seinem Stiftsschild vertreten ist, während seine beiden geistlichen Kollegen auch die Familienwappen und damit ihre Herkunft wiedergeben"*[146]. Auch hier ergibt sich die Antwort auf die Fragen aus den der Öffentlichkeit damals gegenwärtigen Umständen. Denn der 18. Kurrheinische Münzvertrag von 1464 fiel insoweit in eine besondere Zeit, als in den drei geistlichen Kurfürstentümern ziemlich unklare Verhältnisse herrschten. Einerseits hatte der Trierer Kurfürst Johann II. von Baden (reg. 1456-1503) Probleme mit der Anerkennung, konnte sich aber ab April 1465 als „electus et confirmatus" präsentieren. Auf der Mainzer Seite sind wir mitten in der so genannten Mainzer Stiftsfehde. Der ursprünglich gewählte Erzbischof Dieter von Isenburg (reg. 1459-1461 und 1475-1482) war im August 1461 von Papst Pius II. (reg. 1458-1464) abgesetzt worden. Zu seinem Nachfolger wurde Adolf II. von Nassau bestimmt (reg. 1461-1475). Der kriegerische Konflikt war seit 1462 zwar mit einem Waffenstillstand eingestellt, aber Adolf war zum Zeitpunkt des

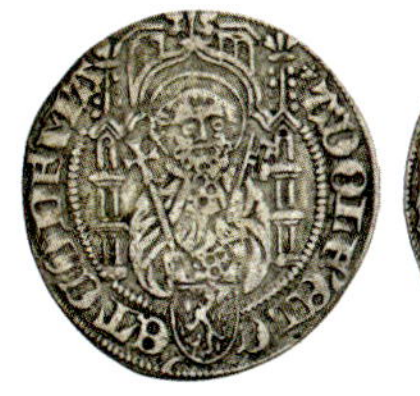
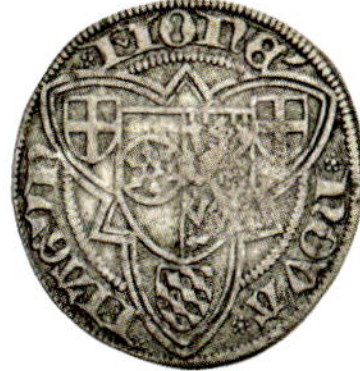

Albus mit electus et confirmatus (1461/1462)

145 Klüßendorf 2012, S. 37 f.
146 Bundesbank 1982, Tafel 53.

Vertragsabschlusses im Oktober 1464 noch nicht als Erzbischof von allen Autoritäten akzeptiert. Dies könnte der Grund für die „Degradierung“ gewesen sein. Deswegen war auch der Stiftsschild stellvertretend für den Nachfolger angebracht. Andererseits war auch der Kölner Erzbischof Pfalzgraf Ruprecht schon 1463 gewählt, aber erst 1471 von Kaiser Friedrich III. bestätigt worden[147]. Schließlich wurde der Trierer Kirchenfürst Johann II. von Baden im Herbst 1464 zum Erzbischof geweiht. Er konnte damit auf die zweite Rangstelle in der zweiten Reihe -heraldisch rechts- vorrücken. Bis dahin hatte Friedrich der Siegreiche von der Pfalz (reg. 1449-1476) als einziger unbestrittener stabiler Amtsträger diese Position innegehabt. Man erkennt, wie genau die Prägeherren die Situation verfolgten und auf den Gulden so aktuell wie möglich berücksichtigten. Dies erlaubt eine genauere Datierung der Prägung an Hand der Wappenfolge! Dem noch nicht etablierten Adolf von Nassau blieb damit bis zu seiner allseitigen Anerkennung und Weihe 1466 nur der unterste Platz, anonymisiert mittels des Stiftwappens, aber immerhin bleibt im selben Moment auch ein Platz reserviert. Nach seiner Bestätigung durch Kaiser und Papst sowie seiner Weihe 1466 rückte er wieder in die angestammte, für Mainz reservierte Position vor. Dem entsprachen nach diesem Zeitpunkt alle rheinischen Münzstätten[148]. Die Prägezeit ist demnach auf die Ecktermine Oktober 1464/1466 einzugrenzen. Die im Katalog der Bundesbank genannte Datierung „um 1469“ ist also zu präzisieren. Gleichfalls ist die dortige Bemerkung als unzutreffend anzusehen: „Auffallend ist, dass der Mainzer Erzbischof nur mit seinem Stiftsschild vertreten ist, während seine geistlichen Kollegen auch die Familienwappen und damit ihre Herkunft wiedergeben“[149]. Mainz wurde auf den Gulden fast ausnahmslos durch das Rad manifestiert. Ein einziges Mal findet man den Weinsberger Familienschild auf den Prägungen der Vertragspartner[150]. Wie bei der Aufnahme seines Vorgängers verfuhr man auch angesichts der Wiedereinsetzung Dieter von Isenburgs, als er 1475 erneut zum Erzbischof berufen wurde. Nach der Wahl am 9. 11. 1475 nannte er sich zunächst „Electus“, nach der Anerkennung im Juni 1477 „Archiepiscopus“[151]. Erst ab Juni 1477 konnte er wieder auf die erste Stelle platziert werden, also nicht schon mit der Wahl. Das geschah dann im Vertrag von 1477, an dem (außer Köln) neben Mainz, Trier, Pfalz und Jülich beteiligt waren. Der Vertrag von Boppard im Oktober 1464 sah, wie gesagt, ein neues Münzbild auf der Vorderseite vor. An Stelle des traditionell abgebildeten heiligen Johannes des Täufers wurde nun der thronende Christus eingeführt. Sicher war damit eine weitere Aufwertung der Stellung der Kurfürsten intendiert, verbanden sie sich doch nun unmittelbar mit der göttlichen Instanz. Dass damit auch die Probleme in den geistlichen Kurstaaten verdeckt werden sollten, ist zwar anzunehmen, aber nicht zuverlässig zu belegen. Auf der Rückseite findet sich nun ein Vierpass, der in seinen Winkeln die Wappen der Vertragspartner aufnimmt.

---

147 Felke 1989, S. 273
148 Felke 1989, S. 282.
149 Bundesbank 1982, Tafel 53.
150 Felke 1989, Nrn. 513 ff. (Prägung 1390/1391).
151 Felke 1989, S. 282 ff.

VII

Vereinbarungen außerhalb des Kurvereins

Neben den Verträgen des Münzvereins finden sich häufig zweiseitige Vereinbarungen zwischen einzelnen Kurfürsten. Auf den Münzen, die solchen Verträgen entsprangen, fand ebenfalls eine bestimmte Reihung statt. So war die linke, heraldisch rechte Seite, dem Münzherrn vorbehalten, die andere dem Vertragspartner. Am Beispiel der Mainz-Pfälzer Gemeinschaftsprägung 1392/1393 wird dies erkennbar[152]. War die Vorgabe der Rangfolge vom Stempelschneider nicht beachtet, was vorkam, wurde sie schleunigst berichtigt[153]. 1394/1395 erfolgten ausschließlich für Mainz geltende autonome Prägungen[154]. Es blieb übrigens die Schreibweise „Pingensis" für die Münzstätte Bingen lange Zeit konstant. Sie wandelte sich erst ab 1423 auf Dauer zum anfänglichen heute gebräuchlichen B als „Bingensis".

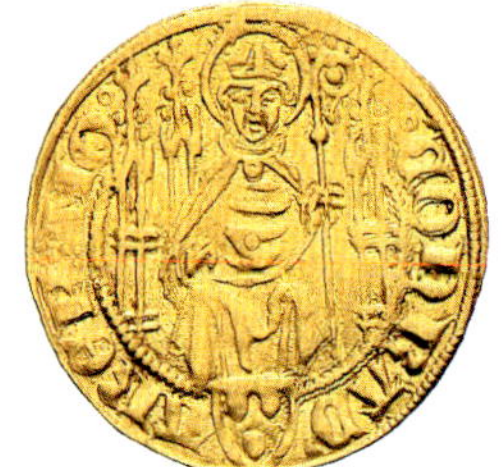

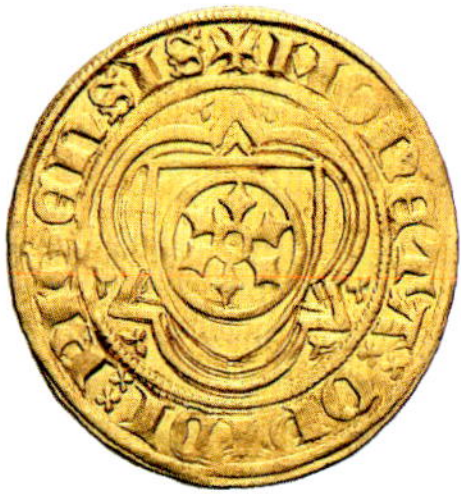

Autonome Prägung Konrads II. von Weinsberg (1394 / 1395)

Abschließend sei gesagt, dass die Zusammensetzung des Rheinischen Münzvereins nicht auf die vier Kurstaaten beschränkt war. Sie konnte mit Zustimmung aller um weitere „Anrainerstaaten" vergrößert werden. Zwei relativ häufige Vertragspartner waren die Herzogtümer Jülich-Geldern bzw. Jülich-Berg; gelegentlich kamen die hessische Landgrafschaft, das Bistum Speyer und die Städte Köln und Worms dazu. Mit dem Beitritt des Bistums Speyer und der hessischen Landgrafschaft am 12. 11. 1515 war die größte territoriale Ausdehnung des Münzvereins erreicht[155]. Grund für solche Erweiterungen war die damit angestrebte zusätzliche Akzeptanz bei anderen Fürsten bzw. Reichsstädten. Entsprechende Vorbilder gab es bereits im Vorfeld des Münzvereins z. B. im Vertrag von 1357, als die Städte Aachen und Köln einbezogen wurden. „quasi als Überwacher der vereinbarten Bedingungen"[156].

VIII

Die Schrift auf den kurrheinischen Gulden

Wenn in der numismatischen Literatur überhaupt etwas zur Schrift gesagt wird, dann nur allgemein zum Typus der Schrift. Also etwa, ob es sich um die Antiqua, die von der lateinischen Kapitalschrift (Capitalis Monumentalis) abzuleiten ist, oder um die „Uncialis" handelt[157], eine Schriftform, die sich im frühen Mittelalter entwickelte. Die Unzialschrift wird durch eher runde Buchstaben charakterisiert. Typische Beispiele dieser Schrift sind das M und N. Die karolingischen Schriftformen Majuskel und Minuskel waren die Groß- und Kleinschreibung der ursprünglichen Antiqua. Im 12. Jahrhundert entstanden Buchschriften, die dann in die Umschriften der Prägungen des Münzvereins eingingen und dort über Jahrhunderte unverändert zu einem weiteren „Markenzeichen" gerieten. Man kann den Schrifttyp auf den Gulden am besten als „romanische Mischmajuskel" charakterisieren, die eckige und runde Formen kombiniert. „So entsteht eine oft sehr variantenreiche und durch Buchstabenzusammenfügungen komplexe Schrift aus vermischten Majuskelformen"[158]. Den Partnern im Rheinischen Münzverein gelang es, die Kontinuität des Schriftbilds bis zum Ende der regulären Prägumg beizubehalten. Die beiderseitigen Umschriften auf den Münzen werden im Allgemeinen in der Numismatik nur als Quelle für den Namen des Münzherrn gesehen (meist auf der Vorderseite), während die Rückseite üblicherweise der Nennung der Münzstätte vorbehalten ist[159].

---

152 Felke 1989, S. 111.
153 Felke 1989, S. 276.
154 Felke 1989, Nrn. 561 bis 568.
155 Eichelmann 2014/ II, S. 266.
156 Weisenstein 2002, S. 110.
157 Klein 2021, S. 153 ff. (159).
158 Kern 2010, S. 107.
159 Dazu Kluge 2007, S. 48; Eichelmann 2014/II, S. 232 zu den Vorgaben im Rheinischen Münzverein.

Doch Schrift und Bild sind alternative Kommunikationsformen, „die sich wechselseitig entlasten....und können in je ihrer Art verfeinert werden, so daß die Wahl der Form und ein etwaiges Zusammenwirken reguliert werden müssen“[160]. Sie ist „ein Instrument zur Organisation der Wirklichkeitsbewältigung und herrscherlichen Repräsentation“[161]. Auch die Schrift selbst wurde schon vorher nicht zufällig gewählt. So nutzte etwa Friedrich Barbarossa (reg. 1152-1190) „entsprechend dem imperialen Verständnis“[162] die romanische Majuskel mit überwiegend kapitalen Formen. Bild und Schrift vermittelten dem Betrachter/Nutzer ein vertrautes Miteinander. Beide waren Grundlage der Kommunikation zwischen Herrscher und der Gesellschaft. Auch die Schrift hatte so zu sagen ihre „Sprache“. Der Münzverein war in seiner Blütezeit in die Spätgotik zu verorten, die man allgemein zwischen 1430 und 1500 ansetzt. Nicht zu unterschätzen war der Wiedererkennungswert des Geldes, auch durch die Beibehaltung der typischen Schrift des Guldens. Die Prägeherrschaften nutzten „die allen zugänglichen Bilder auf Zahlungsmitteln politische Botschaften und kulturelles Selbstverständnis zu verbreiten“[163]. Zwar waren die Umschriften, was die einzelnen Buchstaben betrifft, wie schon betont, damals alles andere als einheitlich. Einzelne Buchstaben anderer Schriftformen konnten ohne weiteres eingestreut sein, z. B. unziale in kapitale[164]. Aber die besondere Mischung sicherte dem Gulden auch seine Wertschätzung in der Geldwirtschaft. Mit der Capitalis kann man durchaus die Verbindung zu einem Anspruch reichsweiter Bedeutung herleiten. Eine gotische Kursive oder Minuskel kamen dazu nicht in Betracht. Auch dürfte die Verwendung römischer Jahreszahlen auf den Gulden von 1436 und noch später kein Zufall sein. Man könnte darin eine Verantwortung der Kurfürsten für das Imperium sehen, das die Translation des Reichs von Rom betonte. Im Übrigen zeigen die Bilder der Spätgotik, dass man bedeutende Orte/Ereignisse mit der Capitalis hervorhob.

Die Sprache der Umschriften war Latein[165]. Dies ist ein deutlicher Hinweis, dass ihre Bedeutung sich nur den in Latein Bewanderten erschließen konnte. Das waren die Geistlichen; aber noch nicht einmal alle. Auch die in den Klöstern lebenden Laienbrüder konnten im Allgemeinen weder lesen geschweige sich lateinisch verständigen[166]. Allerdings waren die Umschriften z. T. auch für den damaligen kundigen Betrachter noch in der Neuzeit oft kaum nachvollziehbar. Das lag an der Vielfalt an Funktionen und Titeln des Mainzer Kurfürsten, die, wenn sie zusätzlich verbunden wurden mit Kürzeln, kaum zu verstehen waren. Ein Beispiel ist das 6-Dukatenstück des Franz Ludwig von Pfalz-Neuburg (reg. 1729-1732) von 1730. Es lautet auf der Vorderseite beginnend: FRANC: LVD: D. G. AR. MOG: S. R. I: PR: EL: SUP: M: und auf der Rückseite fortgesetzt: O: T: EP: WOR: & . WAR: P: E: C: P: RH: B: I: C: & M: DVX. Wer dieses Monstrum auflösen wollte, musste schon besondere Kenntnisse neben seinen Sprachkenntnissen haben. Die Auflösung ergibt den folgenden Text: FRANCISCUS LVDOVICUS DEI GRATIA ARCHIEPISCOPUS MOGUNTINUS SACRI ROMANI IMPERII PRINCEPS ELECTOR SUPREMUS: MAGISTER: ORDINIS TEUTONICI: EPISCOPUS: WORMATIENSIS: & WRATISLAVIENSIS: PRAEPOSITUS: ELVACENSIS: COMES: PALATINUS: RHENI: BAVARIAE: IULIACAE: CLIVIAE & MONTIUM: DUX. Auch andere Erzbischöfe standen ihm aber kaum in dieser Hinsicht nach. Dies war allerdings noch nicht die Gesamtheit seiner Ämter, Funktionen und Titel. Er hätte noch weitere anführen können. Dazu reichte der Platz wohl nicht aus[167].

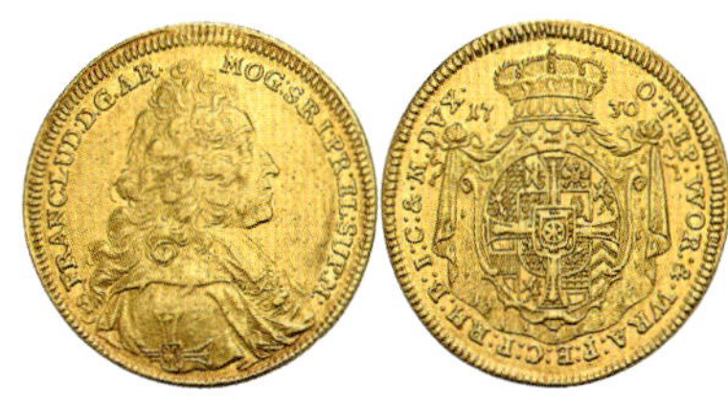

Zu viel an Umschrift?

Die zwischen 1347 und 1352 grassierende Pest führte zu einer Entleerung der Universitäten von der bisherigen Schülerschaft, die bis dato in erster Linie dem Adel entstammte. Neue ländliche und städtische Besucher traten nun an die Stelle adeliger. Sie wurden jetzt studierte Beamte an den Höfen und in städtischen Verwaltungen. Selbst die weltlichen Fürsten waren, wenn überhaupt, nur des

160 Wenzel 2005, S.195.
161 Wenzel 2005, ebenda.
162 Blaschitz 2009, S. 149. Trotz des Titels „Die Sprache des Geldes" wird im Katalog der gleichnamigen Ausstellung in Berlin 2009 kein Bezug zur (Um) schrift auf Münzen hergestellt.
163 Isenbort 2013, S. 41 ff. (43). Zur Spätgothik s. Eissenhauer 2021, S. 6.
164 Klein 2021/I, S. 166, 172 u. ö. Zur Bedeutung der Capitalis s. Roth 2021, S. 188.
165 Kluge 2007, S. 48.
166 Griep 2005, S. 199.
167 Prokisch 2006, S. 245.

Lesens und Schreibens in ihrer Landessprache mächtig. „In der Regel waren die Angehörigen des Adels Analphabeten“[168]. Sie waren deswegen auf ihre Kanzleien bei der Korrespondenz angewiesen. Der Gründer der Heidelberger Universität, Pfalzgraf Ruprecht, bezeichnete sich als *„idiota“*, Laie, und *„illiteratus“*, Analphabet[169]. Bis in das 16. Jh. konnten, so schätzt man, nur 3 bis 4 % der Bevölkerung lesen, von den Frauen nur 1%[170]. Erst im 16. Jh. erweiterte sich der Kreis der Gebildeten, die Zugang zu Latein hatten. Diese wurden dadurch Adressaten, auch der Umschrift[171] auf den Münzen. Solange behauptete die Kirche auch das Bildungsmonopol. Trotzdem fand auch die nichtlesende Bevölkerung Zugang zu den für sie wichtigen Informationen im Münzwesen. Die Wege waren vielfältig. Was die Münzen betrifft, war deren Bild meist schon geeignet, den Menschen den Münzherrn und vor allem das Nominal zu verdeutlichen. Handel und Märkte lieferten ständig aktuelle Informationen über den Geldumlauf und die Merkmale der Münzen. Auch der leseunkundige Teil der Bevölkerung konnte bestimmte Standardzeichen verstehen und einordnen. „Sein“ Kleingeld war bekannt und größere Nominale, soweit er sie überhaupt in die Hände bekam, prüfte der damit Konfrontierte genaustens. Man war damit nicht auf (eigene) schriftliche Erkenntnis angewiesen, sondern erhielt die notwendigen Informationen von der Obrigkeit, den Marktteilnehmern, Händlern und Wechslern.

---

168 Griep 2005, S. 201.
169 Griep, S. 206.
170 Griep, S. 220.
171 Heß 1991, S. 96.

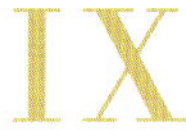

Stufen der Verantwortlichkeit

1. Der Münzherr

Das führt uns zur Frage, wer der für die Emission nach außen Verantwortliche war. Es war der Münzherr, mit anderen Worten, derjenige, der berechtigt war, die Münze in den Verkehr zu bringen. Er war normalerweise der Einzige, der namentlich hervortrat oder wenigstens an Hand seines Wappens zu identifizieren war. Schon die fränkischen Herrscher machten sich durch ihr Monogramm erkennbar. Das bekannteste ist das berühmte Carolus-Monogramm Karls des Großen[172]. Es war einerseits dem knappen runden Raum der Münze geschuldet, diente gleichzeitig auch der Darstellung der königlich/kaiserlichen Macht. „Es ist anzunehmen, dass auch in diesen Erscheinungsbildern das Stofflich-materielle eine wesentliche Rolle gespielt hat"[173], in unserem Fall nämlich das Münzmetall.

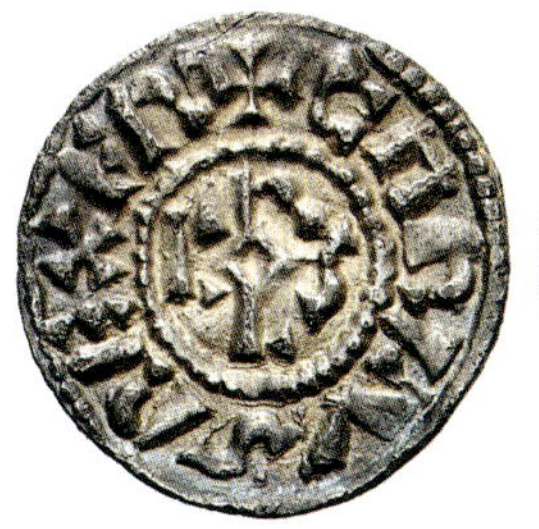

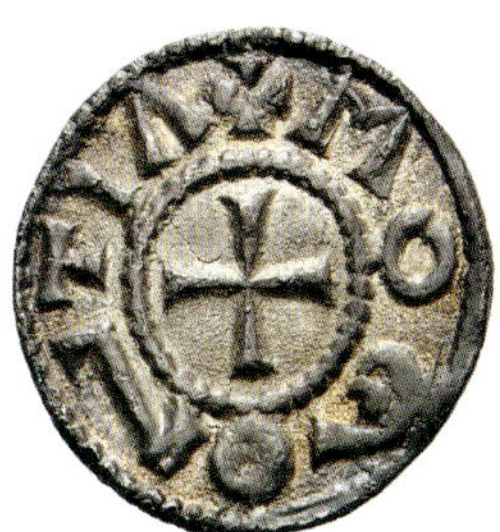

Monogramm Karls des Großen auf einem Mainzer Denar (nach 793/794)

Erst in der Neuzeit machten sich weitere Verantwortliche, Münzmeister und Wardeine, auf den Münzen bekannt. Dies aber nicht i. S. einer Gewähr für die Werthaftigkeit. Eine Haftung spielte sich nämlich nur intern gegenüber dem Münzherrn ab. Dieser schrieb den an der Münze Beschäftigten im Innenverhältnis vor, welche Nominale sie zu prägen hatten und zu welchen Bedingungen im Hinblick auf das Rau- und Feingewicht die Münzen ausgebracht

172 Frutiger 2004 S. 313.
173 Ebenda.

werden sollten. In Mainz war Münzherr die Person des Erzbischofs, gleichzeitig Kurfürst, Erzkanzler und Landesherr. Bei Sedisvakanzen wanderte das Münzrecht an das Domkapitel (zurück), das als Landesherrin pro tempore dieses Recht ausüben konnte, wenn es wollte, aber dies nicht immer auch tat. Bei zweiseitigen Münzverträgen z. B. mit anderen Münzberechtigten oder innerhalb mehrseitiger Zusammenschlüsse in Münzvereinen verpflichtete sich der Mainzer Kurfürst wie alle daran Beteiligten zur Einhaltung der vereinbarten Konditionen. Solche zweiseitigen Verträge waren z. B. die häufigen Mainz-Pfälzer Vereinbarungen über die gemeinsame Prägung von Gold- und Silbermünzen[174]. Mehrseitige waren neben den Verträgen des Kurrheinischen Münzvereins mit vier bis sechs Teilnehmern in seinen zahlreichen Auflagen von 1385/1386 bis weit ins 16. Jahrhundert die eher lokal bedeutsamen Verträge im 17. Jahrhundert zur Versorgung mit Kleingeld 1623-1636 mit Frankfurt, Hessen und Nassau. In diesen Zusammenhang gehört auch die Vereinbarung der „Fünf Stände“ von 1693 zur Überwindung der Kipperzeit mit den Teilnehmern des Vertrags von 1623 und zusätzlich die Grafschaft Hanau.

Gegenstand der Vereinbarungen der vier rheinischen Kurfürsten waren in erster Linie die Regelungen zur Gestaltung der Goldgulden und der silbernen Albus, der Groschenmünzen. Auch die Prägung von weiteren Silbernominalen bis zum Heller demonstriert den Ehrgeiz der Kurfürsten, ein komplettes Arsenal von gängigen Münzen zu etablieren[175]. Numismatik und Wirtschaftshistorie sind sich heute einig, welch große Bedeutung die Goldprägung vom Rhein für die wirtschaftliche Entwicklung im Heiligen Römischen Reich des späten Mittelalters hatte. Dass dies trotz häufiger Beschwerden der Marktteilnehmer über die schleichende Herabsetzung des Feingehalts zu keinem grundsätzlichen Vertrauensverlust führte, hat sicher mehrere Gründe. Zum einen gab es kaum eine Alternative im Reich, denn offenbar waren damals weder der originale Floren noch der Dukat eine echte Konkurrenz im mittleren und östlichen Europa. Dies legen die Funde und die Urkunden über Transaktionen nahe, in denen häufig auf den rheinischen Gulden Bezug genommen wird[176]. Zum anderen konnte sich die Wirtschaft offenbar mühelos auf derartige

Veränderungen des Wertes einstellen. Da die Kurfürsten die Daten in ihren Verträgen öffentlich machten, herrschte Klarheit. Allerdings gab es auch geheime Anweisungen an die Münzmeister zur Herabsetzung der Feinheit um Bruchteile an Karat bzw. Grän, und zur Reduzierung des Gewichts. Zahlreiche Probationen und Valvationen sorgten für weitere Transparenz. Aus heutiger Sicht zeichnete sich der Gulden über längere Zeit gesehen doch durch eine bemerkenswerte Stabilität aus. Man hat errechnet, dass die Verringerung des Feingehalts zwischen 1385 und 1559 rund 26 ½ % betrug, was sich in einer jährlichen Reduktion von 0,15 %[177] niederschlug. Für die Zeitgenossen war die Verschlechterung etwa in der Spanne zwischen der Gründung und 1419 mit 18,2 % eindeutig zu hoch, was bei einer Verringerung um 18% immerhin rund ½ % ausmachte. Aus heutiger Perspektive ist diese Rate fast zu vernachlässigen! Ob man allerdings die rheinische Währung als „anerkannte Welt-Handelsmünze" bezeichnen kann[178], scheint doch etwas hochgegriffen. Man nennt sie heute eher „Leitwährung"[179].

2. Der Münzmeister

Der für die Münzprägung in zweiter Linie Verantwortliche war der Münzmeister, dem in seinem Bestellungsvertrag die Einzelheiten der Prägung vorgeschrieben wurden. Wir kennen diese seit 1349 für Mainz im Vertrag Erzbischofs Heinrich v. Virneburg mit Münzmeister Wesemale und in den Verträgen des Jahres 1354 zwischen Gerlach von Nassau (reg. 1346-1371) und seinen Münzmeistern. Der Rheinische Münzverein fügte in seine Regelungen üblicherweise Vorgaben für die Münzmeister der Vertragsparteien ein. Es kam aber auch vor, dass ein einziger Münzmeister mit der Gemeinschaftsprägung betraut wurde[180]. Das hatte den

174 Schneider 2021/I, S. 209 ff.
175 Weisenstein 2002, S. 108.
176 Weisenstein 2002, S. 111 (speziell für Mainz).
177 Weisenstein 2002. S. 106 f., 107.
178 So Diepenbach 1949, S.89 ff. (91).
179 Weisenstein 2002, S. 105,131; Klüßendorf 2012, S. 39.
180 Eichelmann 2014/II, S. 247: Vertrag vom 2. 12. 1417.

Vorteil, dass die Prägung ganz einheitlich ausfiel. Am 24. 6. 1477 wurde der Trierer Münzmeister in der Münzstätte Oberwesel von den Vertrag schließenden drei Kurfürsten von Mainz, Trier und der Pfalz (Köln blieb außen vor) und Herzog Wilhelm von Jülich beauftragt, „abwechselnd mit dem Stempel jedes der vier Fürsten je 30 Mark Gulden und entsprechend Weißpfennige und Heller zu schlagen“[181]. Daraus ergibt sich, dass die Stempel von den eigenen Stempelschneidern angefertigt wurden, der gemeinsame Münzmeister aber in diesem Fall für die gesamte Prägung verantwortlich war. Es war vorteilhaft, dass ein einziger Münzmeister Schrot und Korn der Emission in der Hand hatte. Eine Besonderheit in diesem Vertragswerk war die fast gleichzeitige Bestellung eines zweiten Münzmeisters, Eberhard von Bühl, Münzmeister von Heidelberg, am 29. 6. 1477. Die Gulden sollten mit 19 Karat fein (791/1000) ausgebracht werden, wobei den Münzmeistern eine Herabsetzung um 2 Grän auf 784/1000 eingeräumt wurde.

3. Der Wardein

Der Nächste in der Skala der Verantwortlichen war der Wardein, der seinerseits den Münzmeister zu kontrollieren hatte. Ihm wurde bei seiner Anstellung im Allgemeinen recht konkret das Verfahren der Prüfung und Überwachung des Prägegangs vorgeschrieben. Durch diese gebündelte Verantwortlichkeit war in der Regel gewährleistet, dass alles nach den gesetzten Regeln verlief. Wahrscheinlich sorgte der Prägeberechtigte dafür, dass das Prägeverfahren zusätzlich durch schreibkundige Geistliche und/oder ausgewählte Hofbeamte unterstützt wurde. In der Vereinbarung vom 29. 6. 1477 wurde auch ein gemeinsamer Wardein, Hans Gluckwyse, bestellt[182]. Er hatte die Aufgabe, die Stempel bei dem Stempelschneider in Auftrag zu geben und sie bis zur Prägung in Obhut zu nehmen. Im Vertrag vom 1. 9. 1488 zwischen Mainz und der Pfalz wurde Georg Sydel zum gemeinsamen Wardein bestellt[183].

181 Buchenau 1925, S. 247.
182 Buchenau 1925, S. 293.
183 Buchenau 1925, S. 297.

4. Der Stempelschneider

Nur selten wurde der Graveur der Münzstempel, der Eisengräber, erwähnt. Eine Ausnahme machte der Vertrag vom 15. 11. 1490, der von einem gemeinsamen Stempelschneider für die Zukunft absah[184]. Nur einmal taucht der Name eines gemeinsamen Stempelschneiders auf: Zum 5. 4. 1481 schlossen die zwei Kurfürsten von Köln und Trier mit dem Herzogtum Jülich-Berg und der Stadt Köln einen Vertrag über die Prägung von Silbergeld ab. In dessen Rahmen wurden sowohl ein Probierer als auch ein Stempelschneider mit Namen Rutger Kluppener als gemeinsame Bedienstete eingestellt[185]. Es handelte sich dabei also nicht um einen kurrheinischen Vertrag, denn Mainz und die Pfalz gingen eigene Wege in der Prägung von Silbermünzen. Im schon genannten Vertrag vom Juni 1477 wurden die Münzmeister angewiesen, die Münzknechte höher zu entlohnen, „damit die Münzknechte fleißiger arbeiteten und gleichmäßiger schroten"[186]. Auch ein namentlich nicht genannter gemeinsamer Stempelschneider (Eisenschneider) sollte unter der Aufsicht zweier Wardeine tätig werden. Diese sollten die von ihnen verwahrten Eisen (Stempel) dem Münzmeister zur Prägung zur Verfügung stellen[187]. Man erkennt dabei den Versuch, eine bessere Kontrolle der Münzung zu erreichen, was durch die Probationen zweimal jährlich abwechselnd an vier Orten, Mainz, Bacharach, Koblenz und Bonn, abgesichert werden sollte. Auf diesen Gulden wird keine Münzstätte genannt, sondern nur „MONETA NOVA AVREA RENENSIS" geschrieben. Dies galt auch für die Albus.

1488 verringerte man im Wege einer zweiseitigen Vereinbarung den Gulden auf 18 1/2 Karat fein, wobei ein gemeinsamer Münzmeister zwischen Bertold von Henneberg (Mainz) und Philipp von der Pfalz bestellt wurde. Dabei sollte der Mainzer Münzmeister Hans Brome für sechs Jahre die Münzprägung in Mainz übernehmen. Danach sollte die Prägung für sechs Jahre in Bacharach erfolgen[188].

184 Eichelmann 2014/II, S. 252.
185 Eichelmann, 2014/II, S. 249.
186 Buchenau 1925, S. 294.
187 Buchenau 1925, S. 294.
188 Buchenau 1925, S. 297.

5. Informationen von Münzmeister und Wardein

Während der Münzherr mit seinem Namen auf der Vorderseite genannt wurde oder zumindest an seinem Wappen, auch gelegentlich mit Abkürzungen versehen, erkennbar war, besaßen die Münzmeister erst spät das Recht, sich auf den Münzen auszuweisen. Dies gelang erst gegen Ende des 16. Jahrhunderts in Mainz als Erstem dem Münzmeister Andreas Wachsmuth dem Älteren, der zwischen 1593 und 1604 amtierte[189]. Die Zeichen konnten unterschiedlich ausfallen. Zuerst nur in Form der Attribute Zainhaken, Schere usw., dann aber regelmäßig mit den Anfangsbuchstaben von Vor- und Familiennamen. Beispiele hierfür sind die Münzmeister Ernst Textor ET, Matthias Fischer MF und Adam Longerich AL. Wardeine erscheinen mit ihren Namen in Form der abgekürzten Vor- und Zunamen in Mainz erst ab 1636 nach Beendigung der schwedischen Besetzung. Das erste noch statt des Namens benutzte Zeichen war vermutlich die bekrönte „dextrarum iunctio" (Händedruck) des Wardeins Koch[190]. Die namentliche Kennzeichnung erfolgte erst spät ab der Wiederbelebung der Mainzer Münze 1765 mit Peter Moritz Brahm und einem „B".

Häufig finden sich andere Zeichen auf den Prägungen, die allerdings kaum für uns erkennbare Informationen beinhalten. Es handelt sich dabei um so genannte Beizeichen in vielfältigen Formen[191]. Sie können aus kleinen Sternchen, Kreuzchen, Mondsicheln, Punkten und auch sonstigen kleinen Veränderungen im Detail, bestehen. So gibt es z. B. unterschiedliche Trennzeichen von Worten in den Umschriften in Form von einem Punkt, Doppelpunkt, Stern und Doppelstern, auch dreifach, oder Verdickungen am Krummstab[192]. Es konnten auch variierte Formen von Gewandnadeln, Anzahl von Locken und Haltung des Krummstabs usw. sein. Solche Zeichen be-

189 Zu ihm Pick 2014, S. 36 ff.

190 Pick 2006, S. 96, 104.

191 Nach Buchenau 1909, S. 69, wurden sie im deutschen Reich erst seit der Mitte des 15. Jahrhunderts üblich.

192 Link 1989, S. 249: Eine Kugel für die Münzstätte Bingen.

193 Klein 2004, S. 342, lässt die Bedeutung offen.

194 Buchenau 1925, S. 294. Der entsprechende Albus Erzbischofs Dieter von Isenburg war mit dem Punkt gekennzeichnet.

finden sich meist auf der Vorderseite der Münze, gelegentlich auch auf der Rückseite als Punkt oder Figürchen im Dreipass etwa in Form von Dreiecken oder Kringeln usw. Wie sie zu deuten sind, ist schwierig, da sie nur selten erwähnt werden. Man vermutet, dass es sich meist um Zeichen von Emissionen handelt. Es könnten aber auch Hinweise auf einzelne Metallmischungen („Gewerke") und den jeweils danach folgenden Prägevorgang sein[193]. Der Zweck war, die Prägungen später wieder identifizieren zu können. Das war nicht nur für Münzmeister und Wardein aufschlussreich, sondern auch für die spätere Kontrolle durch weitere Organe der Regierung oder später die Kreiswardeine. Überdies musste stets eine Prüfung der Legierung eines „Gewerks" dokumentiert werden. Ausnahmsweise kann dem Vertrag vom 24. Juni 1477 entnommen werden, dass die beiden Münzmeister auf der Mitte der Rückseite von Gulden und Albus sich unterschiedlich mit einem Punkt bzw. einer Rosette als Verantwortliche „outen"[194].

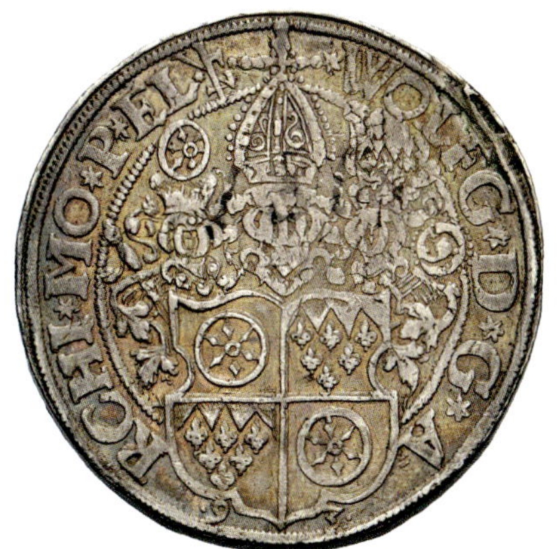

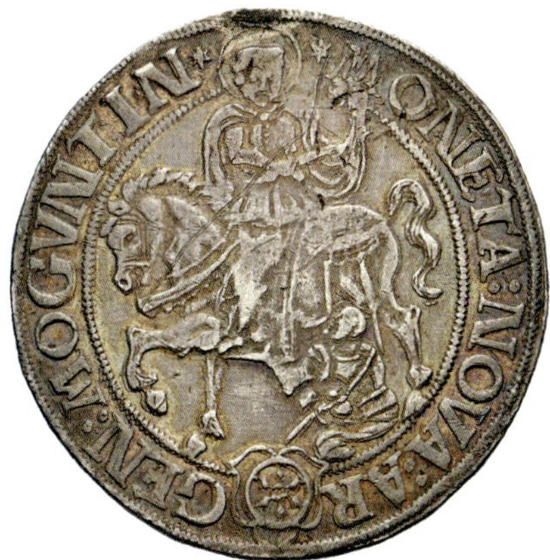

Zeichen des Münzmeisters Wachsmuth auf dem Taler 1593

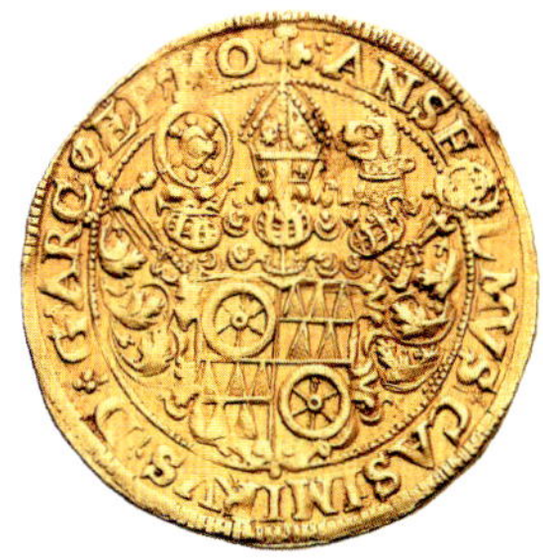

Zeichen des Wardeins Koch auf dem Doppeldukaten 1638

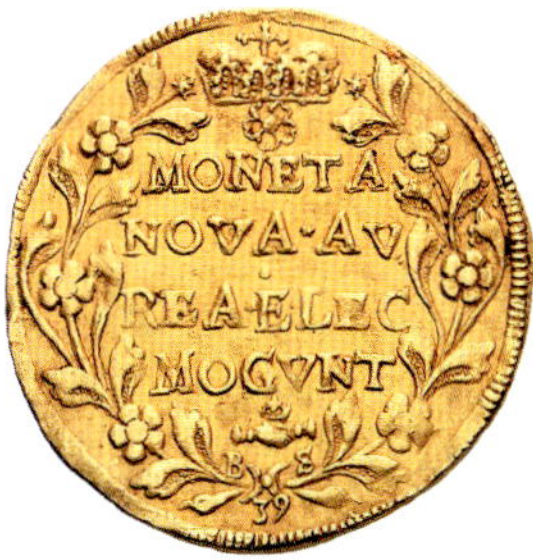

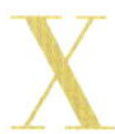

Betrachtungen zur Schrift auf Mainzer Prägungen

1. Gliederung, Kürzel und Zeichen

Noch weitere Merkmale gehören zur Standardgestaltung der kurrheinischen Guldenprägung. In erster Linie nutzte man dazu das Kreuz. Es steht gewöhnlich ganz oben am Beginn der Umschrift, dient ihrer Gliederung und dürfte gleichzeitig als herausgehobenes christliches Symbol zu werten sein[195]. Meist befindet es sich auf der Rückseite, während die Umschrift auf der Vorderseite im Fall erzbischöflicher Provenienz durch Nimbus und Mitra des Heiligen bzw. Mitra des Erzbischofs in gleicher Weise gegliedert werden kann. Diese Prinzipien gelten entsprechend für alle Prägungen der weiteren Mitglieder des Kurvereins. Einzelne Worte wurden nicht immer durch Leerräume voneinander getrennt, sondern konnten ohne Trennung ineinanderlaufen, oder aber durch eine Vielfalt von Zeichen getrennt werden.

Die Knappheit des Raums auf den Münzen erforderte Abkürzungen. Die einfachste Form war der Punkt, der als Abkürzungszeichen diente[196]. Er erscheint z. B. als „S." für SANCTVS IOHANNES und „B" für BAPTISTA schon in den Anfängen des Rheinischen Münzvereins[197]. Auch der Apostroph als Ausfallzeichen wurde schon früh, auf den ersten Gulden Gerlachs 1354 für AR´.EPS` (ARCHIEPISCOPVS) verwendet[198]. Das Kürzel GERL´ für GERLACVS folgte dann fast gleichzeitig[199]. Aber auch ein Bindestrich wie bei GERLA- konnte auf die fehlende Endung hinweisen und sie er-

195 Frutiger 2004, S. 49 f.
196 Frutiger 2004, S. 215.
197 Felke 1989, S. 1 ff.
198 Felke 1989, Nrn. 16 ff.
199 Felke 1989, Nr. 20.
200 Felke 1989, Nr. 20b.
201 Slg. Pick, Nr. 98.

setzen. Schließlich wurde der Katalog an Kürzeln noch von dem Strich über einem Buchstaben ergänzt, etwa bei der Münzstätte Miltenberg das E für EN in FLORI-MILDEB`- oder in Kombination mit anderen schon genannten Abkürzungen benutzt[200].

2. Die Namen der Erzbischöfe

Dies vorausgeschickt soll in erster Linie an Hand von Mainzer Goldgulden und einem Albus, alle mit gewissen Schriftanomalien, versucht werden, die Bedeutung der Schriftlichkeit auf Münzen für die Zeitgenossen und ihre Wirkung auf uns Heutige zu ermitteln. Betrachten wir unsere „Kandidaten" unter diesem Gesichtspunkt, geben alle Goldmünzen den jeweiligen Erzbischof mit Namen und Amt wieder. Entsprechend dem Zeitpunkt der Emission beginnen wir mit dem Gulden Gerlachs von Nassau (reg. 1354-1371)[201]. Er nennt sich „GERLACVS AREPS MOGV" (ARCHIEPISCOPVS MOGVNTINVS) „Mainzer Erzbischof". Sein Nachfolger Johann I. von Luxemburg-Ligny (reg. 1371-1373) bezeichnet sich auf seinem Gulden o. J. als „IOHIS AREP MA", also ebenfalls abgekürzt für ARCHIEPISCOPVS MAGVNTINVS (Mainzer Erzbischof). Man sieht, dass Mainz noch abwechselnd Mo- bzw. Magvntia geschrieben wurde. Die endgültige Schreibweise mit „u" beginnt erst nach dem Wechsel der Binger Münze nach Mainz 1461.

Adolf I. von Nassau (reg. 1373-1390) nennt sich entsprechend seiner Stellung vor seiner späten Bestätigung durch Kaiser und Papst 1380 „ADOLF´ EPSPI AMINISTT ECI", also „EPISCOPVS SPIRENSIS" (Bischof von Speyer) und „ADMINISTRATOR ECCLESIAE MAGVNTINAE" (Verwalter der Mainzer Kirche). Johann II. von Nassau wird auf seinem Gulden o. J (1397-1419) IOHIS AR-E-P MAGVNT´ (IOHANNIS ARCHIEPISCOPVS MAGVNTINVS oder MAGVNTINENSIS) genannt. Konrad von Dhaun (reg. 1419-1434) nennt sich auf dem Goldgulden o. J. (1426) zwar ähnlich „Erzbischof von Mainz", aber doch variiert „CONRADI AREPI MAG´ (ARCHIEPISCOPI MAGVNTINI). Die letzte Prägung will jedoch anders als die beiden anderen Münzen in der Umschrift durch den Genetiv die Prägung mit dem

Münzherrn insofern verbinden, als es sich nach ihr um *Geld des Erzbischofs* handelt. Diese weitere Information ist nicht zufällig, sondern dürfte eine Art zusätzlicher persönlicher Garantie für die Solidität der Münze darstellen.

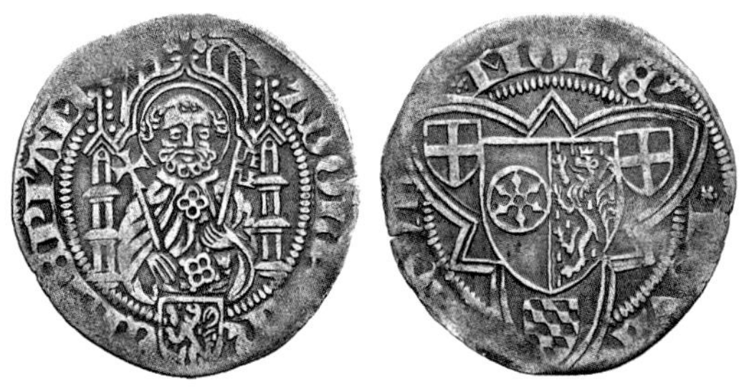

„AM" statt MA(GVNTINVS)" auf einem Albus (um 1462)

3. Die Münzstätte

Die Rückseite aller Goldgulden des Münzvereins nennt die Münzstätte als Bestätigung, dass dort die Prägung erfolgt ist, also im Verantwortungsbereich des Münzherrn. In unseren Beispielen lesen wir bei Gerlach „MONETA IN OPIDO PINGWEH´" (PINGWENSIS), wobei das kapitale H am Ende der Umschrift neben dem unzialen N im selben Wort steht. Beim Gulden Johanns I. lautet sie: MONETA OPIDI PINGVWENSIS. Bei der Münzstätte „Bingen" hat sich der Stempelschneider einen Schnitzer erlaubt, der offenbar erst nach der Auslieferung bemerkt worden ist. An Stelle von PINGVWENSIS hätte es heißen müssen: PINGWENSIS. Auf die damit verbundenen Überlegungen ist später noch zurück zu kommen. Fest zu halten ist einstweilen, dass die Münze in Bingen geschlagen wurde.

Bei der nächsten Prägung unter Johann II. lautet die Umschrift: MONETA OPI P**M**GE-SIS (MONETA OPPIDI PINGENSIS). Auch hierbei hatte der Stempelschneider Probleme mit der Angabe der Münzstätte. Ähnlich wie beim Gulden Johanns I. waren die Buchstaben IN für ihn unverständlich, worauf er sie ebenfalls durch ein M ersetzte.

Auch ein Gulden von Höchst war nicht gegenüber Fehlern gefeit. So lesen wir auf einem Gulden Johanns II. als Prägeort ungewöhnlich „HOIESTSI" statt des gebräuchlichen „HOIESTEN". Zwar

differiert die Schreibweise der Münze Höchst höchst vielfältig[202] gerade unter diesem Kurfürsten. Sie reicht von „HOESTENSIS", abgekürzt „HOEST" für MONETA IN HOESTENSI SVP(RA) MOGEN (VM), auch MOGONVM geschrieben, bis MONETA OPPIDI H(O)ES-TENSIS. Der Ortsname „Höchst" selbst kann wiederum variiert als „HOIESTEN", HOESDEN und HOESTEIN[203] erscheinen. Da der letzte Gulden (HOIESTSI) bisher nur einmal aufgetreten ist[204], scheint das Versehen schnell entdeckt worden zu sein, vielleicht schon vor der offiziellen Ausgabe.
Bei dem oben genannten Goldgulden Konrads III. ist der Prägeort korrekt beschrieben: MONETA NOVA AVRIA PIN(GENSIS).
Aber auch dabei unterlief den Verantwortlichen ein Fehler, indem nämlich AVR**I**A statt AVR**E**A geschrieben wurde. Da dieser Fehler auch in den anderen Münzstätten des Münzvereins auftritt, ist von einem gemeinsamen Stempelschneider auszugehen. Dieser Lapsus blieb offenbar längere Zeit unentdeckt, so dass er in die Literatur als reguläre kurrheinische Emission Eingang gefunden hat[205]. Vielleicht hat man die Prägung auch nicht zurückgerufen, weil sie trotzdem nicht unverständlich war oder der Aufwand der Einziehung unverhältnismäßig erschien.

4. Anomalien und Schreibversehen

Ein solch klares Schreibversehen kennen wir auch von einem Albus Adolph II. von Nassau (reg. 1461-1475), der nach 1462 geprägt wurde. Auf der Vorderseite dieser Vereinsprägung lautet die Umschrift – ADOLF AR`- CHIEPI` AM`-. Der Hersteller des Stempels hat in diesem Fall die Anfangsbuchstaben vertauscht, als er statt korrekt MA für MAGVNTINVS „Mainz (er)" AM (GVNTIN-VS) schrieb. Der Fehler wurde nicht sofort entdeckt, da es einige Vorkommen gibt[206]. Auch später kommen immer wieder solche

202 Schlegel 1989, S. 59, 85,
203 Slg. Pick, Nr. 113 ff.
204 Münzhandlung Henzen, 2022.
205 Felke 1989, Nr. 1117.
206 Slg. PA, 187; Slg. Pick, 202.

Schreibfehler vor, z. B. OPEDI statt OPPIDI. Oder aber noch in der Neuzeit die merkwürdige Abkürzung des Namens CASIRVS für CASIMIRVS bei Prägungen Anselm Casimirs Wambold von Umstadt (reg. 1629-1647). Wie überhaupt die Menge von Titeln des Mainzer Kurfürsten die Stempelschneider vor Herausforderungen stellte. Gerade bei Kurfürst Anselm Kasimir fällt das auf. Manchmal behalfen sich die Verantwortlichen dadurch, dass sie auf der Vorderseite mit der Titelfolge begannen, aber dann ohne Rücksicht auf die Sinnhaftigkeit den Anschluss auf der Rückseite folgen ließen. Aus reinen Schreibfehlern kann noch nicht auf den Bildungsgrad des Stempelschneiders und der übrigen Verantwortlichen geschlossen werden, denn solche Schreibfehler sind nicht auszuschließen, auch nicht bei Beteiligten, die im Latein bewandert waren. Sie wurden auch nicht immer vom Münzmeister, Wardein oder damit befassten Hofbeamten rechtzeitig entdeckt. Allerdings ist davon auszugehen, dass die Stempelschneider nach Vorlagen arbeiteten und wenn überhaupt des Schreibens kundig, zumindest nicht des Lateins mächtig waren. Blamieren konnten sich damit nur andere, die in der Öffentlichkeit als Verantwortliche aber gewöhnlich nicht erkennbar waren.

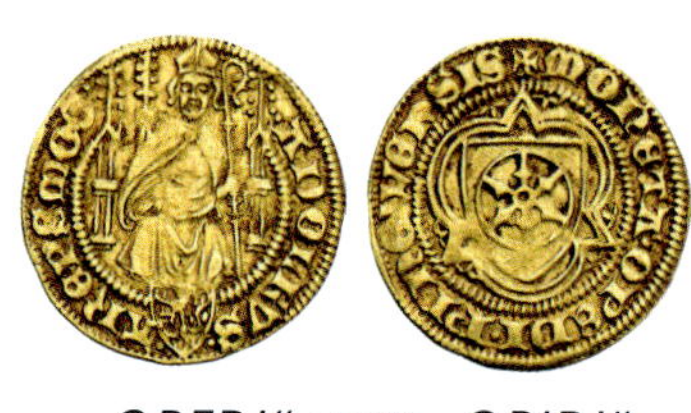

„OPEDI" statt „OPIDI"

5. Die Dukatenprägung des Jahres 1636

Dass auch in der Neuzeit die Schrift auf Münzen zum Problem werden konnte, zeigt eine Reihe von Dukaten aus dem Jahr 1636. Für Mainz eigentlich ein gutes Jahr: Die schwedische Besatzung war nach jahrelanger Besetzung aus Mainz abgerückt, der Kurfürst Anselm Kasimir Wambold von Umstadt (reg. 1629-1647) war aus dem Exil zurück. Unter ihm wurde die kurfürstliche Münze reaktiviert, mit einem neuen Münzmeister, Benedikt Stephani (Steffen), den man von den Schweden übernommen hatte, Zei-

207 Zu Stephani s. Pick 2021, S. 246 f. ; zu Adolf Koch s. Pick 2014, S. 79,102.

chen BS, und einem Wardein namens Koch aus Heidelberg, der als Zeichen eine „dextrarum coniunctio“, also einen Händedruck, mit einem Krönchen darüber nutzte[207].
Anselm Kasimir Wambold v. Umstadt (1629-1647) ließ nach seiner Rückkehr eine Reihe von doppelten und einfachen Dukaten prägen. Dabei erschienen 1636 vom einfachen Dukaten zwei Typen, eine Prägung mit Wappen- und Schriftseite und eine Serie von Dukaten mit seinem Porträt auf der Vorder- und einer Schrifttafel auf der Rückseite. Vom Porträtdukaten sind mindestens vier Emissionen bekannt, wobei der „Schriftdukat“ bisher nur mit einer dokumentiert ist.

Während bei dem „Schriftdukat“ die Umschrift auf der Vorderseite korrekt die Funktionen und Titel des Kurfürsten wiedergibt (ANSELMVS CASIMIRVS D G ARHIEP MOG S R I PER G A C PE) belässt es die Prägung bei einer Anomalie auf der Rückseite, wo es auf der Schrifttafel heißt: DVCATVS / NOVVS / AVR ELEC / TOR MOG / VNTIAE. Ungewöhnlich ist -auch im Widerspruch zu den sonstigen Prägungen- das Wort MOGVNTIAE, was ein Lokativ mit der Bedeutung „in Mainz“ sein könnte. Wahrscheinlich hat der Stempelschneider einfach das Adjektiv nicht erkannt, das sich auf das vorhergehende ELECTORIS beziehen sollte, sondern ein Substantiv gewählt. Nur diese Prägung findet sich in den Sammlungen Prinz Alexander (Nr. 362) und Walther (Nr. 252).

Den Beginn der Porträtprägung markiert die wohl die mit den meisten Fehlern in den Umschriften behaftete. Der Dukat trägt auf der Vorderseite das Porträt des Kurfürsten von rechts mit der Umschrift ANSELMVS CASIMIRVS : ARCHIP : MOG : S : R : I . Die Titelfolge bricht damit ab und hat keine Fortsetzung auf der Rückseite. Diese enthält das quadrierte Wappen Mainz und Umstadt in der Umschrift beginnend mit dem Wardeinzeichen , einer „Dextrarum coniunctio“ und einem Krönchen darüber: DVCATVS : NOVVS : AVER (sic) : ELECTOR : MOGVNTINA (sic). Man könnte diese Prägung als den „Höhepunkt des Versagens“ der Verantwortlichen bezeichnen. Dass statt AVRE (VS) nun AVER geschrieben wurde, ist eine reine Schlampigkeit. Gravierender erscheint aber die Kombination von ELECTOR (IS) und MOGVNTINA. Die weibliche Form MOGVNTINA ergibt keinen

Sinn. Der Bezug zu ELECTOR(IS) hätte MOGVNTINI lauten müssen. Wenn man eine Begründung für die Fehler suchen will, könnten sie verursacht sein durch den nicht bewältigten Übergang des Münzbetriebs von den schwedischen auf die kurfürstlichen Behörden. Es könnte weniger an erfahrenen Stempelschneidern gefehlt haben als vielmehr an Personal, das in Latein bewandert war. Auch war die Übernahme von Stephani als Münzmeister möglicherweise noch nicht erfolgt. Das Fehlen seiner Signatur ist wohl kein Zufall. Ins „Bild" passt dann auch, dass man für die Vorderseite einen überarbeiteten alten verbrauchten Stempel benutzte, aber für die Rückseite einen ansehnlichen neuen Stempel anfertigte.

Die anschließende Prägung ist zwar verbessert indem sie zwar ebenfalls die unvollendete Titulatur mit S R I enden lässt und das D G (DEI GRATIA) ebenfalls nicht enthält. Doch endet die Umschrift

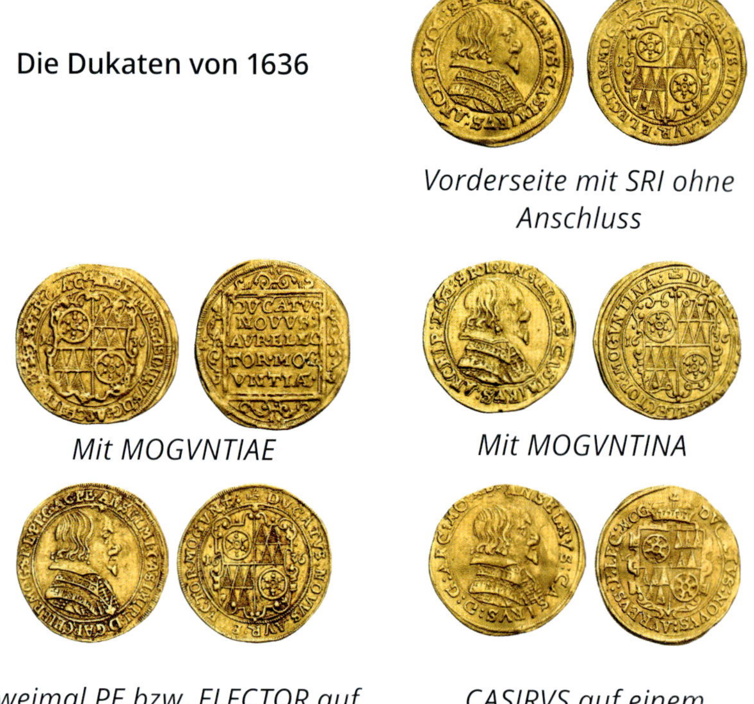

Die Dukaten von 1636

Vorderseite mit SRI ohne Anschluss

Mit MOGVNTIAE

Mit MOGVNTINA

Zweimal PE bzw. ELECTOR auf einem Dukat 1646

CASIRVS auf einem Dukat 1638

auf der Wappenseite immerhin mit „ELECTOR (IS) MOGVNT(INI)" insoweit korrekt.

Die Porträt-Prägung mit der korrekten Titulatur ist wahrscheinlich die letzte aus dem Jahr 1636. Man kann hier eine kontinuierliche Verbesserung von der missglückten ersten Prägung bis zur fast korrekten erkennen!

Der Fehler taucht auf den weiteren Prägungen nicht auf[208]. Man benutzte stattdessen die Kürzel „PRIN" bzw. „PR". Dies dürfte auf spätere Emissionen des Jahres hinweisen.

6. Weitere Versehen

Auch später findet man – wieder ist Anselm Kasimir betroffen – Ungereimtheiten im Namen vor. Zumindest ist „CASIRVS" eine merkwürdige Abkürzung statt CASIMIRVS auf dem Dukaten von 1638 , von dem es zwei unterschiedliche Ausgaben gibt![209] Da man 1639 nur noch einen von Wardein Koch signierten Doppeldukaten kennt, ist zu vermuten, dass dieser zu diesem Zeitpunkt entlassen wurde.

Mehrmals finden wir das gleiche Schreibversehen auf zeitlich weit auseinander liegenden Prägungen. Es handelt sich um das Adjektiv bei MONETA AVRIA statt AVREA, das erstmals auf dem Goldgulden o. J. (1426) des Mainzer Erzbischofs Konrad III. von Dhaun (reg 1419-1434) aus der Münzstätte Bingen erscheint. Es handelt sich dabei um eine autonome Prägung außerhalb des Münzvereins. Da das Versehen bislang nur in Bingen registriert wird und nicht gleichzeitig in Höchst, dürfte letztere die Prägung des Guldens dieser Art erst danach fehlerfrei aufgenommen haben. Da der Lapsus auch auf den anderen Parallelprägungen des Münzvereins zu finden ist[210], kann man davon ausgehen, dass es sich um das Versehen ei-

---

208 Slg. PA, 327, 329, 330.
209 Slg. PA, 378, 380.
210 Z. B. auf dem Rieler Gulden von 1426 des Kölner Erzbischofs Dietrich von Mörs (reg. 1414-1463); s. Felke 1989, Nr. 1094.

nes gemeinsamen Münzmeisters/Stempelschneiders handelte. Es muss also trotz der formalen Autonomieprägung eine gemeinsame Verabredung gegeben haben[211]. Der Fehler wurde erst später entdeckt. Wegen der Auswirkung auf die gemeinschaftliche Emission - vielleicht konnte man sich auch nicht auf ein einheitliches Vorgehen verständigen - hat man wohl von einem Stopp der Ausgabe bzw. einer Einziehung abgesehen. Deshalb können wir, wenn der Fehler wie in diesem Fall bei einem der nächsten Gewerke beseitigt wurde, die fehlerhafte als die frühere Prägung ansehen. Mehr ist daraus nicht ableitbar. Etwas verharmlosend spricht Eberhard Link in diesem Fall[212] von einer „seltsamen Form" hinsichtlich des Worts „AVRIA". Solche normalen Schreibfehler kommen auch auf Albus des Münzvereins vor[213]. Einige Jahre später finden wir 1434 den gleichen Fehler erneut vor. Diesmal auf der Electusprägung Dietrich von Erbachs (reg. 1434-1459)[214]. In diesem Fall kann der Lapsus auf die Eile dieser Prägung in der kurzen Zeit als Electus, von Juni bis Oktober 1434, zurückgeführt werden[215]. Dies kann auch als Grund für die nicht erfolgte Prägung als Electus in Bingen angeführt werden.
Bemerkenswert ist, dass man den gleichen Fehler ein drittes Mal auf einem neuzeitlichen Gulden (um 1514) Erzbischofs Albrecht von Brandenburg (reg. 1514-1545) wiederfindet. Bei der Prägung – einer der letzten des Münzvereins – liest man zunächst „MONE (TA) AVRI (A) RENI", dann berichtigt mit „AVREA"[216]. Vielleicht war der Verantwortliche irritiert durch den Genetiv von RENUS und wollte ihn auf AURUM übertragen.

Ein weiterer Lapsus findet sich auf den „Bettlertalern" des Erzbischofs Johann Adam von Bicken (reg. 1601-1604). In der Umschrift des Doppeltalers von 1602 und des stempelgleichen einfachen Talers findet sich auf der Vorderseite die Titulatur „IO ADAM D. G.

211 Felke 1989, S. 222.
212 Link 1989, S. 267
213 Graab 2011, Abb. Nr. 40 (Pfälzischer Albus aus Bacharach).
214 Schlegel 1991, S. 89 (Nr. 49).
215 Schlegel 1991, S. 90.
216 Slg. Pick, Nrn. 250, 251.
217 Slg. PA, 327, 329, 330.

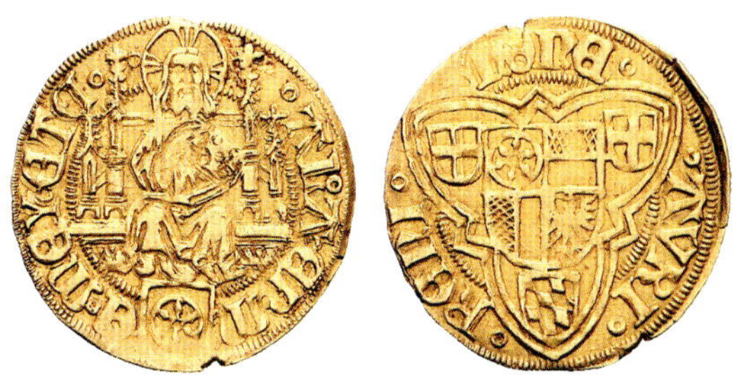

Gulden mit „AVRIA“ (um 1514)

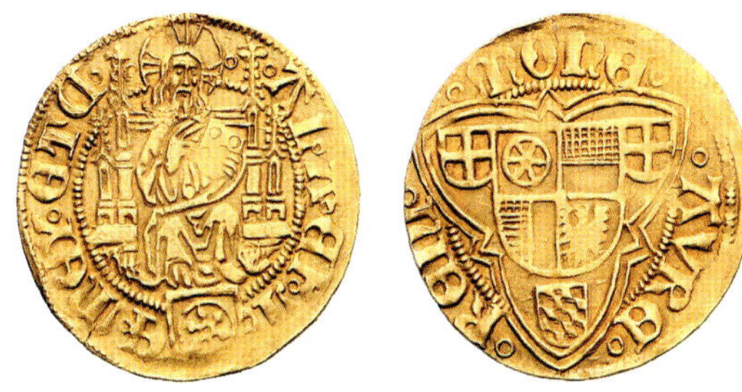

Gulden mit „AVREA“ (um 1514)

ARCHIE(PISCOPV)S. MOGV (NTINVS). PRINC**I** (EPS). ELECT (OR)“. Dabei macht das „I“ am Ende von PRINCI keinen Sinn. Vielleicht dachte man an den Genitiv von PRINCIPIS, was aber nicht mit dem üblichen Nominativ übereinstimmt. Der Fehler taucht auf den weiteren Prägungen nicht auf[217]. Man benutzte stattdessen die Kürzel „PRIN“ bzw. „PR“. Dies dürfte auf spätere Emissionen hinweisen.

7. Ein Versuch der Verbesserung

Eine andere fehlerhafte Form im Bereich der Schrift, nämlich der missglückte Versuch der Korrektur, zeigt der oben beschriebene Gulden Johanns II. von Nassau. Hier hätte die Umschrift auf der Rückseite richtig „PINGENSIS“ für die Angabe der Prägestätte Bingen lauten müssen. Statt der richtigen Buchstaben IN verwandte der Stempelschneider das M, das den beiden Buchstaben insofern ähnelt als M auch mit etwas gutem Willen aus drei Aufstrichen aufgebaut sein könnte. Aber hier scheint der Fehler beizeiten bemerkt worden zu sein, denn die Prägung ist bisher ein Unikum (?). Sie wurde wohl nicht weiter ausgegeben, nachdem der Fehler entdeckt worden war. Die Schreibweise P für Bingen wurde auf den Münzen erst ab 1423 zum endgültigen „B“ für BINGENSIS[218].

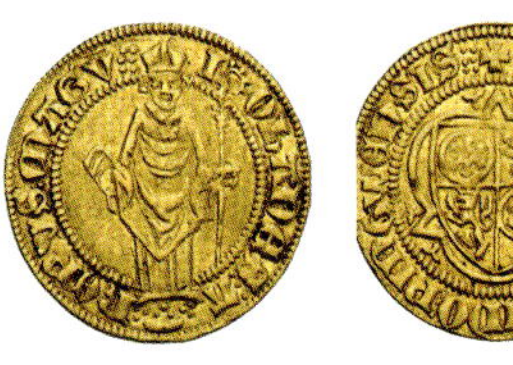

Gulden mit „In opido Pingwensis“ (1371)

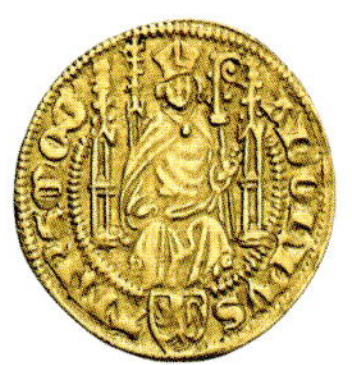

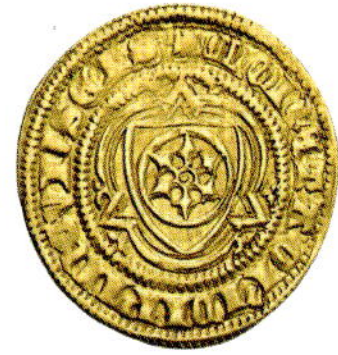

Versehen „PINGVNSEIS“ auf einem Gulden (um 1373)

Der nächste Fall bringt eine weitere Form eines Fehlers in der Umschrift an den Tag. Auf der Rückseite des Guldens Johanns I. ist ebenfalls an Stelle der zutreffenden Umschrift + MONETA OPIDI PINGWENSIS (um 1371) nun „PING**V**WENSIS“ zu lesen. Auch hier hat der Stempelschneider einen Fehler gemacht. Er hatte offensichtlich zunächst vor, wie auf der Vorderseite, wo es heißt: - I – OHANES A – REPVS MAGV(NTINENSIS (oder MAGVNTINVS)[219], entsprechend der Vorderseite nun „MONETA MAGVNTINA“ oder „MONETA MAGVNTINENSIS“ zu schreiben. Ein anderes Mal wurde aus der Münzstätte Bingen auf einer Prägung um 1373 „PINGVNSEIS“.

Die Benutzung des M sowohl unzial als auch mittels der Antiqua zeigt allerdings, dass beide damals als gepunzte Buchstaben nebeneinander verwendet wurden. Wir befinden uns also in der Zeit des langen Übergangs, in der beide Schriftformen auf den Umschriften verwendet werden konnten. Dieser Wechsel begegnet uns aber schon früher, etwa seit dem 12. Jahrhundert[220]. Hinsichtlich der Münzprägung kommt hinzu, dass die rheinischen Kurfürsten auch im Hinblick auf das Erscheinungsbild der Schrift Wert auf Kontinuität legen mussten. Man entwickelte im Lauf der Zeit ein einheitliches gemeinsames Schriftbild, das auf der Antiqua fußte, aber auch eine Entwicklung durchlief. So wurde das M der Antiqua zuerst unbeholfen als zwei senkrechte Striche „I I“ oder mit Bindestrich nach oben „I\I“ verwendet, bis es sich zur üblichen noch heute aktuellen Form M mit der Spitze im Bindestrich nach unten wandelte. Dass man mit der Schrift „locker“ umging, wird auch bei den Goldgulden Adolf I. von Nassau (reg. 1373-390) deutlich. Link datiert sie auf die Zeit zwischen 1373 bis 1379 und beschreibt sie in seiner Sammlung[221]. In der Umschrift der Vorderseite wird bei „S. HERTIn` “ mehrmals ein umgekehrtes „M“ verwendet, also eine Kontraktion. Gleichzeitig verwendete der Stempelschneider in demselben Namen das unziale n“ und auf der Rückseite ganz selbstverständlich ein unziales „N“ bei „AMInISTT“ (Administrator) neben dem H der Antiqua. Ähnlich verfährt der Stempelschneider auf einem Höchster Gulden Adolph I. (1379-1385), wo bei der Münzstätte „HOSTEIN“ das N am Ende mit Aufstrich von unten links geschrieben wird gleichzeitig mit dem unzialen N bei „MOnETA“[222]!Man verwendete demnach einzelne Buchstaben unterschiedlicher Schriften unbefangen neben einander.

Damit können gleich zwei Folgerungen Eberhard Links[223] korrigiert werden. Nach ihm ist 1371 ausnahmslos das unziale m verwendet worden, was aber nach den obigen Darlegungen nicht zutrifft. Auch sein zweiter Schluss, die Gepräge mit dem M der Antiqua seien erst 1373 ausgegeben worden, ist ebenfalls nicht begründet[224]. Die unziale Schrift wird erstmals auf Gulden Gerlachs ab ca. 1365 sowie bei der Gemeinschaftsprägung mit der Pfalz (ca. 1367-1370) mit Ruprecht I. in Bacharach bzw. für Mainz in Bingen verwendet[225]. Die Antiqua wird aber unter Adolf I. schon während seiner Zeit als Administrator dann zur endgültigen Schriftart[226]. Das unziale „m“ ist also meist im Wort „mOnETA“ bis Konrad II. verwendet worden, während das „n“ noch bis zum Ende der Binger Münzstätte vorkommt.

218 Felke 1989, Nrn. 1062 ff.
219 Für letztere Auflösung Link 1989, S. 259 (Nr. 6).
220 Kluge 2007, S. 48, der allerdings ein Vorherrschen der Unzialis annimmt, was aber nach diesem Befund so nicht bestätigt wird.
221 Link 1989, Nr. 10 f.
222 Slg. Pick, Nr. 116.
223 Link 1989, S. 248.
224 Ebenda.
225 Felke 1989, Nrn. 136 ff.
226 Felke 1989, Nrn. 157 ff.

8. Prägung während der Sedisvakanzen 1371 und 1373 ?

Auch eine weitere Argumentation Links lässt sich nicht halten: Seine Auffassung, eine Prägung des Domkapitels während der Sedisvakanz 1371 sei auszuschließen, kann zumindest aus der Schriftanalyse nicht hergeleitet werden. Auf den Gulden während der Sedisvakanz wird nämlich wieder das kapitale M bei MARTINVS und MONETA verwendet (Felke, Nr. 149). Auch die weitere von ihm herangezogene Begründung, wegen der kurzen Zeit der Sedisvakanz 1371 von ca. drei Monaten zwischen dem 12.2. und 28.4.1371 sei eine Prägung nicht wahrscheinlich, übersieht die Möglichkeiten des Kapitels (schon im Vorfeld des Ablebens eines Kurfürsten), eine Prägung vorzubereiten. Die Kürze der Sedisvakanz könnte sogar eher gegen eine Prägung des Domkapitels während der Sedisvakanz 1373 sprechen. Denn zwischen dem Tod Johanns I. am 4. 4. 1373 und der Verkündung der Wahl Adolfs I. (1373/1381-1390) zum Verweser des Erzbistums am 21. 4. 1373 liegen ja nur etwas mehr als zwei Wochen. Doch auch diese Zeitspanne schließt eine Prägung nicht aus. Formell war das Kapitel bis zur Bestätigung der Wahl durch Papst und Kaiser Herrin im Erzstift. Allerdings war in diesem Fall der Wahl Adolfs das Domkapitel bedacht, nur im Sinne des von ihm einstimmig Gewählten und in Verbindung mit ihm nach seiner Wahl zu agieren. Damit ist wohl nicht von einer längeren Prägephase des Kapitels auszugehen. Auch der ikono-

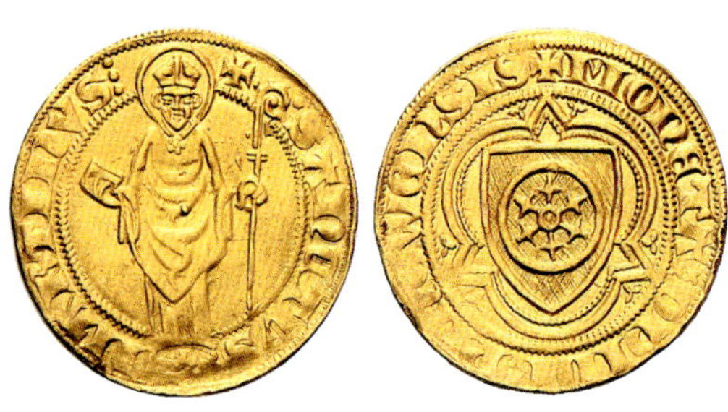

Sedisvakanz 1371

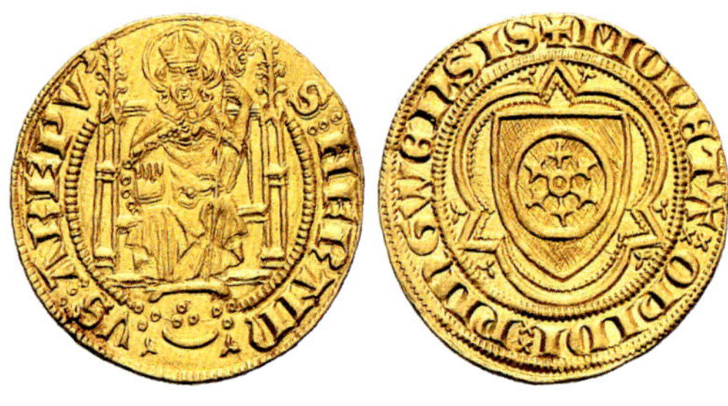

Sedisvakanz 1373

graphisch auffällige Wechsel vom stehenden zum thronenden St. Martin spricht m. E. eher für eine unterschiedliche Prägezeit. Dafür ist der ikonographische Unterschied zu markant, um auf dieselbe Zeitspange festgelegt werden zu können[227]. Für die hier vertretene Annahme von zwei Prägeperioden spricht auch der unterschiedliche Goldgehalt. Eine entsprechende Prüfung ergab für den „stehenden" St. Martin 95,5 bis 96% Feinheit , während der „thronend" Typ lediglich 93% erbrachte, beide aus dem Marburger Fund[228]. Im Ergebnis ist festzuhalten, dass den Stempelschneidern beide Schriftformen seit dem Hochmittelalter bis gegen Ende des 14. Jahrhunderts als Punzen zu Verfügung standen. Dann erst setzte sich die Antiqua durch.

227 Wie hier Schlegel 1989, S. 18 f.; a. M. Link 1989, S. 248; unentschieden Klein 1991, S.70; jetzt eher wie hier Klein 2021/I, S. 171.

228 Klein 2021/II, S. 525 ff. (530/531, Abb. 19, 20).

XI

Vorgaben der Kurfürsten zur Gestaltung der Münzen

1. Gegenüber den Münzmeistern

Im Allgemeinen sind Vorgaben zur Gestaltung der Münzen durch die rheinischen Kurfürsten in den Verträgen mit Bezug auf ihre Münzmeister häufig überliefert. Sie waren allerdings nur mittelbar durch die gegenseitige Vereinbarung ihrer Prägeherrn verpflichtet. Die Regelungen der Münzvereine enthalten neben den Bestimmungen zu Gewicht und Feinheit auch solche zur Gestaltung der Münzen. So sieht etwa der „Grundvertrag" des Kurrheinischen Münzvereins von 1385/1386[229] für die Goldgulden folgende Kriterien vor: Sie sollen je 23 Karat Feinheit haben, 66 eine Mark wiegen und 67 eine Mark Feingold wert sein. Zum äußeren Erscheinungsbild wird ausgeführt, dass sie auf der Vorderseite „den hl. Johannes haben" sollen und auf der Rückseite einen Dreipass zeigen, „in dessen Mitte das Wappen des Herrn steht, der die Münze schlagen ließ". In den drei Ecken („Orten") sind die „Wappen der drei anderen Herren" (Vertragsteilnehmer) anzubringen.

Auch bei den Vereinbarungen zur Prägung des silbernen Albus betreffen einige die Gestaltung: Der Weißpfennig sollte „ebenfalls auf einer Seite den Dreipass" und auf der anderen „einen Tabernakel und ein Brustbild von St. Peter tragen". Zur Schriftform wird bei beiden Münzsorten nichts gesagt. Vermutlich setzten sich dazu die Münzmeister mit dem oder den Stempelschneider(n) zusammen. Wohl in diese Richtung zielt die Bestimmung, die „Herren sollten ihre Münzmeister anhalten, ordentlich zu arbeiten". In Einzelfällen kam es auch zur Bestellung eines einzigen Münzmeisters, z. B. im Vertrag vom 24. 6. 1477 des Kurtrierer Münzmeisters, der in Koblenz prägte[230].

Anders war das Verhältnis bei den Stempelschneidern in Bezug auf ihren Einsatz bei Gemeinschaftsmünzen. Es war sinnvoll, im Rahmen des gemeinsamen Auftretens die Gestaltung *einem* Verantwortlichen zu übertragen, wie z. B. im Vertrag vom 2. 12. 1417[231]. Umgekehrt waren gelegentlich auch mehrere Stempelschneider involviert[232].

Manchmal enthielt ein Vertrag nur ein einziges neues Detail gegenüber dem vorangegangenen. Z. B. nennt der vom 26. 1. 1391[233] nur die folgende Änderung: Auf die Goldmünzen soll zwischen die Beine des hl. Johannes „ein kleiner einköpfiger Adler kommen". Dieses Merkmal sollte einerseits sicher eine Unterscheidung gegenüber den früheren Prägungen markieren[234], wohl aber auch den Anspruch der Kurfürsten unterstreichen, hiermit eine Art Reichswährung einzuführen oder zumindest die reichsweite Beachtung einzufordern. Diepenbach[235] nennt ihn „Vertragsadler". Damit war auch ein klares Signal gegenüber dem Kaiser verbunden, nicht in die Kompetenz der Kurfürsten einzugreifen[236]. Bei den Silbermünzen soll der „Adler über dem mittelsten Schilde stehen". Der Vertrag vom 19. 9. 1399[237] sah dann als wesentliche Änderung vor: Die Goldmünzen aller vier Münzstätten sollten „einen Vierpass haben, in den die Wappen der Herren geprägt werden". Auf der Rückseite soll sich „ein St. Johannes-Bild mit einem Kreuz zu Füßen befinden". Der Feingoldgehalt wurde auf 22 ½ Karat abgesenkt. Nicht immer waren alle Details verbindlich. So unterschieden sich die Gulden bei der Vereinbarung vom August 1409 hinsichtlich der Rückseite erheblich. Die Teilnehmer, zunächst nur die geistlichen Kurfürsten, nutzten einen Dreipass wie 1385/1386 (Köln und Trier), während Mainz das Stiftswappen frei auf die Rückseite setzte mit den beiden anderen Wappen in der Umschrift.

229 StA Würzburg, MIB Bd. 10, fol. 408.
230 Eichelmann 2014/II, S. 247.
231 Eichelmann 2014/I, S. 223.
232 Ebenda, S. 253.
233 STAD R 11 REM Nr. 01 03.
234 Weisenstein 1991, S. 113.
235 Diepenbach 1949, S. 99.
236 Klein 2004, S. 342, spricht von „des Reiches Zeichen".
237 StaatsA Würzburg, MIB 13 fol. 138v.

2. Weisungen der Mainzer Regierung

In den Verträgen der Mainzer Kurfürsten mit ihren Münzmeistern im Rahmen der Bestellung oder Verlängerung ihrer Amtszeit sind häufig auch Bestimmungen zur äußeren Form der Münzen enthalten. Ein Beispiel ist der Vertrag des Kurfürsten Dietrich von Erbach (reg. 1434-1459) mit dem Münzmeister Ludwig Marterstecke über die Münze Miltenberg vom 14. 4. 1447[238]. Darin wird u. a. bestimmt: Der Münzmeister soll Pfennige schlagen. Diese sollen „mit einem Rad und einem Schild und über dem Schild mit einem Stern und einem daneben stehenden M“ gekennzeichnet sein.

3. Einbeziehung des Stempelschneiders

Während die Münzmeister und Wardeine regelmäßig in die Vereinsbestimmungen zumindest mittelbar einbezogen sind, ist von den Gestaltern, den Stempelschneidern, fast nie die Rede. Eine erste Ausnahme machte der Vertrag von 1417, nach dem ein gemeinsamer „Isengreber“ die Münzstempel herstellen sollte[239]. Ein weiteres Mal erscheint er in der Vereinbarung vom 29. 10. 1454[240]. In ihr wird auch die Funktion des bzw. der Stempelschneider(s) angesprochen: „Die Herren verabreden, einen „gemeynen ysengreber“ anzustellen, der bei Bedarf das Eisen schneidet. Dieser hat einen Eid zu leisten und darf für keine andere Münze Eisen schneiden „dann alleyne vns vnd von vnnsern wapen“. Daraus ist zu entnehmen, dass ein einzelner gemeinsamer Stempelschneider für die unter dieser Vereinbarung erfolgende Prägung eingesetzt werden konnte. Nach 1454 scheint es keine entsprechende Regelung mehr gegeben zu haben. Die Frage kann jedoch jeweils durch einen Vergleich der gemeinsamen Prägungen festgestellt werden. In den meisten Fällen wird man so schließen können, ob ein einziger Stempelschneider für die gemeinsame Emission zuständig war. Auch der Schriftvergleich wird dazu entscheidende Hinweise liefern.

238 StaatsA Würzburg, MIB 25 fol. 221v.
239 Diepenbach 1949, S. 103, 105 (widersprüchlich).
240 StaatsA Würzburg, MIB 27 fol. 057.

XII

Schrift und Bild aus der Sicht der Adressaten

1. An wen richten sie sich?

Die Umschriften enthalten Aussagen, wie schon früher gezeigt wurde, zu den Ausgebern der Münzen und den Orten, wo sie geprägt wurden. Für wen waren aber diese Informationen wichtig und wer konnte etwas mit ihnen anfangen? Mit anderen Worten: Wer waren die Adressaten der Informationen? Wenn man zunächst die Goldmünzen betrachtet, so ist klar, dass sie nicht das Geld des „kleinen Mannes" waren. Dieser hatte kaum die Chance, ein solches Stück während seines Erwerbslebens in Händen zu halten[241]. Überspitzt formulierte Braudel: „Tatsächlich fällt jedem Metall seine eigene Rolle zu: Das Gold bleibt den Fürsten, den Großkaufleuten (und der Kirche) vorbehalten; mit Silber werden gewöhnliche Geschäfte abgewickelt; und auf unterster Stufe dient das Kupfer den kleinen Leuten und Armen als Zahlungsmittel"[242]. Es waren vielmehr Kaufleute, die diese Währung im Fernhandel nutzten. Für sie war entscheidend, dass der Herausgeber der Münze verlässlich war, sozusagen mit seinem (guten) Namen für den Gehalt an feinem Gold einstand. Dafür waren für den Nutzer, wozu auch andere Fürsten, Hofbeamte und städtische Instanzen gehörten, die Angaben auf den beiden Seiten maßgebend. „Die Schrift war und blieb im Wesentlichen immer ein Erzeugnis ihrer obrigkeitlichen Erfinder oder Urheber"[243]. Während man annehmen kann, dass die geistige und herrschaftliche Elite einigermaßen schreiben und lesen konnte, gilt dies nicht für alle Menschen. Man ist sich zwar einig, dass damals bis weit in die Neuzeit hinein, die große Mehrheit der Bevölkerung des Lesens und Schreibens unkundig war. Lesen und Schreiben waren „bis zur Erfindung der Textvervielfältigung durch Gutenberg „als Privilegium

241 Le Goff 2011, S. 197, 201.
242 Braudel 1985, S. 500.
243 Jesse 1965, S. 13

einer klerikalen Elite vorbehalten“[244]. Darauf war von den Prägeberechtigten Rücksicht zu nehmen. Allerdings bin ich der Auffassung, dass die damals wichtigen Akteure auch auf andere Weise trotz ihrer „Leseschwäche“ genügend andere Zugänge zu den Informationen fanden. Sie konnten sich die für sie relevanten Informationen z. B. über ihre Vereinigungen wie Gilden und Zünfte sowie Münzerhausgenossenschaften ohne Weiteres verschaffen. Aber auch der „kleine Mann“ konnte sie über Helfer wie Kirche, Bekannte, Kollegen und Schreiber in Stadt und vor allem auf Märkten gewinnen. Es tummelten sich auch berufsmäßige Wechsler auf den Märkten.

2. Berücksichtigung durch die Verantwortlichen

Dass man auf Seiten der Münzherren die Problematik des Lesedefizits nicht ignorierte, ist den silbernen Münzen, wie Albus, Pfennig und Heller deutlich zu entnehmen. Dem entsprach auch der Volksmund, der mit Begriffen wie „Raderalbus“ oder „Radergeld“ den rheinischen Albus als Groschenmünze an Hand des Mainzer Rades identifizierte. Daraus kann man nicht nur auf eine bloße Kenntnis, sondern auch auf eine Anerkennung, verbunden mit dem Vertrauen auf den Wert schließen. Noch deutlicher wird die Tatsache, dass auch die kleineren Nominale, die Umlaufmünzen, durch Wappen und einzelne Buchstaben als gutes Geld erkennbar waren, vor allem an den Pfennig- und Helleremissionen. Münzbild und Um(schrift) verschmolzen letztlich zu einer einheitlichen Botschaft, die zusammen interpretiert wurde[245]. Wie oben gesehen, genügten einige wenige Zeichen, Wappen und/oder Buchstaben, um sie als umlauffähig einordnen zu können[246]. Durch die zahlreichen Änderungen des Münzbilds (rund ein Dutzendmal) waren die unterschiedlichen metrologischen Verschlechterungen erkennbar. Auch war damit „gutes“ Geld vom weniger goldhaltigen zu unterscheiden. Außerdem war das Münzbild stets geeignet, die Urheber zu erkennen. Das bedeutete „goldene Kontinuität“. Der Befund wird auch von Weisenstein bestätigt[247]: „Der Bekanntheitsgrad des Mainzer Guldens darf darauf zurückgeführt werden, dass schon sehr früh (etwa 1365) in der Prägung vom Münztyp Lilie/St.

Johannes abgewichen und ein eigenes Münzbild gestaltet wurde". Er weist dabei auf die Figur des stehenden Erzbischofs mit dem Wappen hin, die beide ein Kontinuum in den Folgejahren bildeten, erkennbar auch für den Schriftunkundigen. Der Erkennbarkeit, aber gleichzeitig der Verknüpfung mit dem hohen geistlichen Amt diente ebenfalls die Verwendung der Mitra auf den Münzen. Für den Laien sicher das eingängigste Zeichen erzbischöflicher Macht.

In Anbetracht des allgemein praktizierten Münzsystems von Gulden und Silbergeld wie Heller, Pfennig, Groschen und später dem Taler war eine Wertbezeichnung überflüssig[248]. Die richtige Einschätzung des Wertes konnten somit alle Beteiligten, auch Analphabeten, ohne Weiteres leisten. Eine Wertbezeichnung hatten bis dahin nur die Trienten des 6./7. Jahrhunderts mit der römischen VII für die Entsprechung von 7 Siliquen (von 21 für einen Solidus) enthalten[249]. Die danach folgende mittelalterliche Münzprägung war auf den (silbernen) Pfennig (Denar) konzentriert. Das Aufkommen weiterer Nominale im späten Mittelalter war an ihrem äußeren Erscheinungsbild leicht ablesbar[250]. Mit der zunehmenden Verbreitung der alphabetischen Schrift sind dann das ursprüngliche Bild- und Zeichengut, sein Gebrauch und das Verständnis, immer mehr verlorengegangen[251]. Es war, anders formuliert, eben nicht mehr notwendig.

3. Die Bedeutung der Umschrift

Eine durchaus wichtige Aufgabe fiel auch den (Um) Schriften auf den Münzen zu. Auch sie hatten die Funktion, ein einheitliches und erkennbares „Bild" zu liefern. Erst das Zusammenspiel bei-

244 Frutiger 2004, S. 221; ebenso Jesse, a. a. O. S.13, 16.
245 Wenzel 2005, S. 199.
246 Jesse, 1965, S. 14.
247 1991, S. 111.
248 Jesse 1965, S. 14.
249 Jesse 1965, S.14.
250 Jesse 1965, S.16.
251 Frutiger 2004, S. 222.

der Medien ergibt ein Ganzes. Schrift und Bild „sind gleichermaßen von Bedeutung für den rezeptiven Akt“[252]. Dies ersetzte die mangelnde Fähigkeit (auch noch der spätmittelalterlichen Gesellschaft) mehrheitlich zu lesen, insbesondere das Latein zu verstehen. „Bilderlesen wollte also genauso gelernt sein wie Schriftlesen“[253]. Auch die Umschrift hat die Aufgabe, das Interesse auf den Münzherrn zu lenken. Sie konzentriert das innere Bild, umfasst es gleichzeitig. Dadurch dass die Schrift nicht isoliert am Rand verläuft, sondern durch Unterbrechungen am Bild teilnimmt, wird sie Teil der Vorder- und Rückseite. Auch die Schriften sejlbst standen im Dienst des Ganzen.

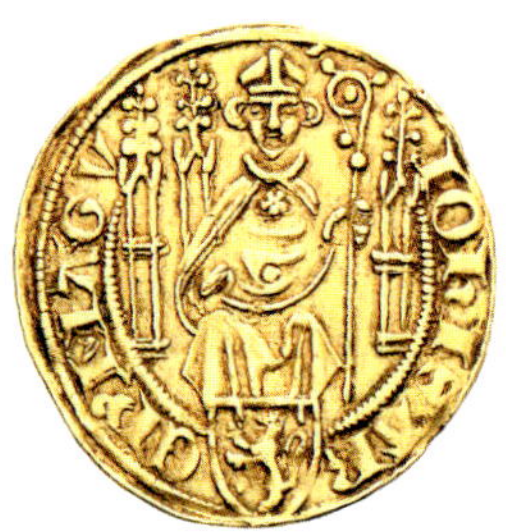

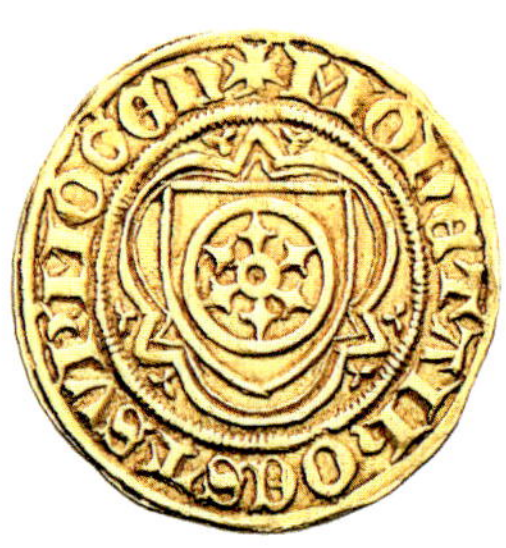

Gulden der Münzstätte Höchst (1397/1399)

Sie waren ganz von der seit 1385/1386 begründeten Tradition der einheitlichen Typik bestimmt. In der Sorge um Kontinuität vor allem des kurrheinischen Goldguldens als Leitwährung, waren die Umschriften eher konservativ und statisch. Fast ausnahmslos beherrschte die klassische Antiqua die schriftliche Erscheinung der Münzen. In der Verbindung mit unzialen Elementen erreichten sie einen wertvollen Wiedererkennungsfaktor. Beispielhaft zeigt dies der Gulden Johanns II. von 1397/1399. So behaupteten sich die Umschriften mit kleineren typischen Variationen über die gesamte Laufzeit des rheinischen Vertragswesens. Zusammen mit den auf den Vorderseiten vermittelten Gestalten wie Heiligen und Erzbischöfen auf den Mainzer, Kölner und Trierer Prägungen und denen der weltlichen Mitspieler, vermittelten sie Kontinuität und sorgten für Vertrauen. Daran änderte auch eine kontinuierliche Herabsetzung des Feingehalts in den kurrheinischen Verträgen (und in geheimen Abmachun-

252 Claudia Brinker-von der Heyde 2007, S. 100.
253 Claudia Brinker-von der Heyde 2007, S.101.

gen) nur wenig. Darauf konnten sich die Akteure einstellen, die auch bereit waren, diese Entwicklung einer schleichenden Entwertung in Kauf zu nehmen. Das waren vor allem die am (Fern) Handel Beteiligten: Städte, Kaufleute, Händler, Wechsler und Kreditgeber, nicht zu vergessen Klöster und geistliche Gewalten und die am Anfang ihrer Entwicklung stehenden Banken.

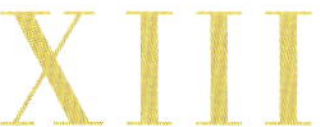

Die rheinischen Prägungen: Vertrautheit vs. Münzverschlechterung?

1. Zustimmung

Das Aussehen der beiden Münzseiten stand regelmäßig im Mittelpunkt der Verträge des Rheinischen Münzvereins. Nur ein gemeinsames Auftreten war geeignet, Wiedererkennung und Vertrauen in die kurrheinische Währung zu gewährleisten. Die von den Stempelschneidern geschaffenen Bilder sind trotz einzelner Unterschiede generell von einer erstaunlichen Einheitlichkeit. Dies sorgte für Verlässlichkeit. Dem taten auch die permanenten Münzverschlechterungen mit weniger Goldgehalt keinen generellen Abbruch. Die akribische Untersuchung Konrad Schneiders zeichnet ein eindrucksvolles Bild vom schleichenden Umfang der Verringerung im Feingehalt und Gewicht der Gulden[254]. Dasselbe gilt für die Darstellung bei Weisenstein[255]. Von ursprünglich 23 Karat Feinheit bei Vereinsgründung (958/1000) reduzierte man diese über 22 Karat (916/1000) 1409 auf 19 Karat in den Verträgen 1425-1464 (791/1000). Dabei ergab sich für Mainz eine tatsächliche Feinheit von 19 und 1 Grän = 794/1000 (Probe eines Mainzer Guldens) im Jahre 1454[256]. Der Feingehalt wurde in der Spätphase des Münzvereins bis auf 18 1/2 Karat (Verträge der Jahre 1490 , 1502, 1509 mit 771/1000) abgesenkt[257]. Insofern scheinen die Fakten in einem gewissen Widerspruch zu der überwiegenden Einschätzung der Stabilität dieser Münze zu stehen. So formuliert etwa schon der

254 Norm und reale Qualität der rheinischen Goldgulden zwischen 1400 und 1450, in: Schneider 2021, S. 535 ff.

255 Weisenstein 1991, S. 106.

256 Ebenda, S. 544. Mainz lag damit immerhin an der Spitze. Im Übrigen wurde der Feingehalt weitgehend von den Vertragspartnern eingehalten (Bundesbank 1982), Anh. R 24-R 30. Das gilt auch für die konkurrierenden königlichen Gulden (ebenda, Anh. A 1-11).

257 Eichelmann 2014/I, S. 260.

258 1949, S. 90.

259 North 2009, S. 33.

Untertitel von Eichelmanns Untersuchung „200 Jahre Geldstabilität am Rhein und Main“ diese positive Bewertung und bei Diepenbach (Der Rheinische Münzverein)[258] liest man Ähnliches: „...für mehr als zwei Jahrhunderte die Währung ziemlich stabil gehalten“.

2. Kritik

Anders hört sich die Kritik der Zeitgenossen an. Sie ist im Grunde eine ununterbrochene Folge von Verdikten von Kaiser, Reichsständen und Städten, die natürlich auch eigene Interessen im Auge hatten. In Wirklichkeit ist die „Abstimmung durch Zahlung mit rheinischen Gulden“ schon Beweis des Gegenteils. Man hat ausgerechnet, dass über die gesamte Laufzeit des Rheinischen Münzvereins mit der Reduzierung des Goldgehalts und des Gewichts von einer jährlichen Münzentwertung (Inflationsrate) von 2% ausgegangen werden kann. Schon darin steckt eine beachtliche Leistung. In vielen Urkunden des täglichen Lebens wird auf die rheinische Währung Bezug genommen. Die Kurfürsten hatten eine Marktlücke entdeckt und sie mit einer probaten Münzpolitik ausgefüllt. Durch den Akzent auf die Goldwährung und der Verknüpfung mit allen Silbernominalen hatte die kurfürstliche Vereinigung zudem ein „Alleinstellungsmerkmal“ gegenüber allen Münzvereinigungen, auch gegenüber dem norddeutschen Wendischen Münzverein. Die Praxis war flexibel genug, um die neuen Wertverhältnisse jeweils einordnen zu können. Dazu gab es Hilfen durch die Untersuchungen der Wardeine und auch so genannte „Valvationsbücher“ waren hilfreich. Das waren Gründe für den Erfolg. Wäre dem nicht so, hätte man doch eher zu herkömmlichen Goldprägungen wie den originalen Florenen und Dukaten aus Italien gegriffen! Auch das „Timing“ in einer Zeit der Knappheit an Edelmetall[259] zeugt von einer Kenntnis der Kurfürsten von der Notwendigkeit, Gold durch die Zollpolitik zu generieren, das dann dem monetären Kreislauf zur Verfügung gestellt werden konnte.

3. Verhältnis zu Floren und Dukat

Zwei Fragen sind in diesem Zusammenhang allerdings offen. Zum einen: war der rheinische Goldgulden wirklich eine Konkurrenz zu Floren und Dukat? Die Antwort lautet: Viele Sorten von Goldmünzen liefen gleichzeitig nebeneinander her. Das ergibt sich aus den Schatzfunden. Da man die Wertverhältnisse bestimmen konnte, kam es in erster Linie auf den Gehalt an Edelmetall an. Zum anderen lautet die Frage: Wie weit reichte sein Einflussbereich? Die Antwort müssen Hortfunde und kaufmännische Praxis an Hand von Urkunden ergeben. Soweit ich sehe, war der rheinische Gulden vorrangig im mittel- und nordeuropäischen Raum die Leitwährung. Auch weil sie vertraut war, im wahrsten Sinn des Wortes. Es gab wohl mehrere Gründe, die das Nebeneinander der drei Goldmünzen möglich machten. Zum einen war es das Vertrauen auf den Gulden als heimische und vertraute Währung. Zum anderen war er wegen der geringeren Feinheit preiswerter zu bekommen. Damit repräsentierte er je nach der Verringerung einen „Teilwert" von Floren und Dukat, also bis zu einem Verhältnis von 3/4 und 2/3[260]. Das war wegen der öffentlichen Bekanntgabe von Feinheit und Gewicht gut nachvollziehbar. Damit war er für den Gebrauch im Einzel- und auch im Fernhandel tauglich. Ein weiterer Grund war eventuell auch seine Verfügbarkeit. Gold war schon damals, wie bereits dargestellt, ein seltenes Metall. Horte enthalten meist auch besonders werthaltige Münzen, die dadurch dem Markt entzogen waren. Das kam letztlich dem Gulden zugute.

4. Konkurrenz der „modernen" Zahlungsweisen?

Eine weitere Frage ist die: Welche Rolle spielten eigentlich die in dieser Zeit (seit dem 12. Jahrhundert) sich entwickelnden unbaren Zahlungsmittel wie Anweisung und Wechsel[261]? Dies bedeutete eine weitere Alternative des Zahlungsverkehrs im Bereich des Fernhandels, die sich von Norditalien aus, nicht immer rasant, durchsetzte! Hatte sie die Zahlung mit realem Geld schon längst bei der Überwindung großer Entfernungen zu ihren Gunsten entschieden oder war sie in erster Linie eine Domäne der großen Handelshäuser? Dazu äußert Ertl[262]: „Die neuen Münzen erleichterten den internationalen Handel. Seit dem 12. Jahrhundert bedienten sich die Kaufleute jedoch zusätzlich bargeldloser Zahlungsmethoden". Ob und in welcher Dimension beide Formen nebeneinander genutzt wurden, bleibt bisher offen. Es scheint, als ob beide Zahlungsmodalitäten gleichzeitig praktiziert wurden, ja die finale Zahlung nach der Abrechnung in Form der Goldwährung diese gerade voraussetzte. Die Edelmetallknappheit im 15. Jahrhundert führte zu diversen Zusammenbrüchen der entstehenden Geldhäuser[263]. Gold und moderne Zahlungstitel bedingten und ergänzten einander. Diese Fragen können bisher aber noch nicht endgültig beantwortet werden. Vermutlich waren die großen Handelshäuser die Vorreiter bei den bargeldlosen Zahlungen, während die anderen Händler noch ausschließlich auf den Goldtransfer setzten. Entsprechende Ansätze sollten weiterverfolgt werden. Auch hier spricht Vieles für eine Kooperation der Numismatik z. B. mit Wirtschaftshistorikern und Wirtschaftshistorikerinnen. Ich neige jedenfalls dazu, den Vorteil für den Fernhandel mit dem außereuropäischen Bereich im späten Mittelalter zwar zunehmend im unbaren Zahlungsverkehr, jedoch auf der finalen Basis des werthaltigen Geldes zu sehen.

---

260 „Seit 1419 steht diese Münze, vorschriftmäßig ausgeprägt, drei Vierteln des Florenus....gleich" (Friedensburg 1926, S. 50).

261 Ertl 2021, S. 141: dort zu den konstruktiven Einzelheiten.

262 Ertl 2021, S. 141.

263 Pohl 2009, S. 88. Dieser weist darauf hin, dass sog. „merchant bankers" schon im 12 Jh. den Kaufleuten auf den Messen der Champagne Geld in Form von Schuldverschreibungen liehen, das dann nach den Geschäften dort (bar) zurückzuzahlen war (S. 89).

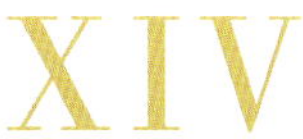

Interpretation Mainzer Prägungen

Die gewonnenen Erkenntnisse sollen nun an Hand einiger Prägungen beispielhaft deutlich gemacht werden. Darunter sind einmalige, nur in der Mainzer Münzgeschichte vorkommende Zeichen, Worte oder Begriffe zu verstehen, die hier erstmalig oder neu interpretiert werden. Sie werden generell nach der zeitlichen Reihenfolge ihres Entstehens behandelt.

1. Von „Aurea Moguntia" bis „Sancta sedes Moguntina"

Das Epitheton „Goldenes Mainz", das noch heute als eine Art Markenzeichen für Mainz als Stadt des Domes, der Kirchen, Schlösser und Adelshöfe in Gebrauch ist, ist keine Erfindung einer cleveren Marketingagentur, sondern hat seinerseits eine unerwartet lange Tradition. So erscheint „Aurea Moguncia" bereits auf einem Denar Konrads I. von Wittelsbach aus seiner zweiten Regierungsperiode 1183–1200 und auf Denaren der beiden Eppsteiner Erzbischöfe Siegfried II. und III. (reg. 1208-1249)[264]. Die in Mainz geprägten Pfennige (Denare) sind autonome bischöfliche Emissionen, ohne königlich/kaiserliche Beteiligung. Auf der Vorderseite erkennt man das Brustbild des Erzbischofs mit den Attributen der erzbischöflichen Befugnisse wie Mitra bicornis, Krummstab, Kreuzstab und /oder Buch, das Zeichen des Evangeliums. Die hier vor allem interessierende Rückseite bezeichnet den Prägeort „MOGONCIA". Andere zeitgenössische

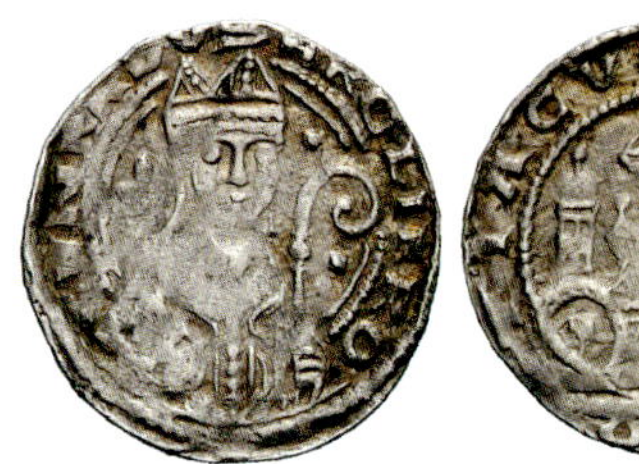
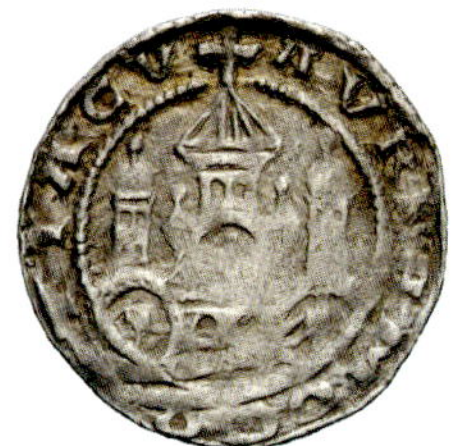

Denar mit „AVREA MOGVNCIA" (1183-1200)

264 Vgl. Slg. Bauer (Auktion Peus 383/1988, Nr. 2088), wo eine noch frühere Prägung Konrads v. Wittelsbach (1183-1200) mit kaum leserlicher „Aurea Moguntia" abgebildet ist wie auch bei Diry 2006, S. 71, 73 (Abb. B a, b).

Denare enthalten ihn meist in abgekürzter Form wie „MOGV", MOGVNCI" oder „MOGVNC". Im Unterschied zu den kaiserlich/königlichen Mainzer Denaren, die sich mit der Bezeichnung „Civitas" oder „Urbs" als Zusatz zu Mainz begnügen, wird die Stadt hier mit „AVREA" erhöht und ergänzt mit CV für CIVITAS. Diese Umschrift umschließt eine aufwendige ideale Stadtlandschaft mit Türmen auf Rundbögen mit Portal. „In der Regel haben wir nur eine Art Rebus, das Idealbild einer Stadt, Burg oder Kirche vor uns..."[265]. Mit Aurea Moguntia ist jedoch nicht nur die Stadt als solche gemeint, sondern sie steht in erster Linie für die Mainzer Kirche als bedeutende geistliche Macht im Reich. Verbunden mit der römischen Zentrale durch den zwischen 1119 und 1137 im Mainzer Siegel erscheinenden Ehrentitel als „Aurea Magontia Romane ecclesie Specialis filia" war diese Verbindung als einzigartige manifest[266]. Später wurde der Titel um „VERA" erweitert zur „SPECIALIS VERA FILIA" Man hat damit sicher ein Gegengewicht zur „Sancta Colonia", dem nicht nur um das Krönungsrecht konkurrierenden Erzbistum Köln, bilden wollen. Bekanntlich ist der Kölner Zusatz schon auf den Denaren Ottos des Großen zu beobachten. Die Mainzer Epitheta sind ein deutliches Signal der Bedeutung von Mainz im katholischen Bereich als „filia specialis" Roms. Gleichzeitig wird Mainz als größte Kirchenprovinz in Europa in Szene gesetzt. Dazu kommt die personale Seite des Erzbischofs als „Primas Germaniae", verbunden mit einer Fülle von Reichsämtern. Zum Ende des Kurstaats wurde „Aurea Moguntia" noch einmal aufgenommen, auf dem Dukaten von 1795[267]. Die Stadtansicht mit dieser Bezeichnung umschließt in einem Bogen die Rheinansicht der Stadt. Sie bezieht sich also primär auf die Stadtsilhouette, die nach der Beschießung von 1793 zu einem großen Teil in Flammen aufgegangen war. Die von Jakob Friedrich Stieler gestaltete Prägung hat damit aber gleichzeitig schon den Charakter eines Nachrufs auf das untergehende Kurfürstentum, symbolisiert durch seine Residenzstadt[268].

Überboten wurde „Aurea Moguntia" aber noch durch die Charakterisierung „Sancta sedes Moguntina" für den Stuhl des Mainzer Erzbischofs, z. B. auf der Goldmedaille von Philipp Karl von Eltz-Kempenich, aber auch schon vorher auf dem Gulden Erzbischofs Damian Hartard von der Leyen von 1675 und dem 1/2 Gulden aus demselben Jahr. Auch mit der dezenten Abkürzung „S. S." war man in der Lage, nicht nur mit Köln gleich zu ziehen, sondern den Konkurrenten zu überrunden. Diesen Affront konnte man natürlich nur auf den autonomen Prägungen anbringen, nicht auf kurrheinischen gemeinschaftlichen Münzen.

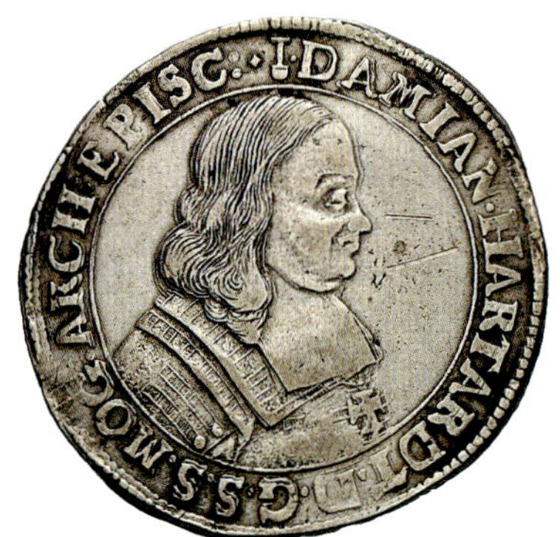

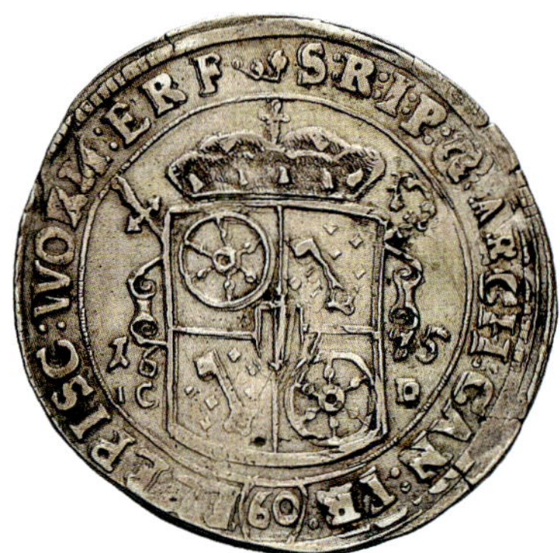

Gulden geprägt in Erfurt 1675 mit S. S. MOG

2. Das Kreuz mit dem Kreuzzug

Üblicherweise finden wir immer wieder das Kreuz auf Mainzer Münzen, es gehört weitgehend zum Standard sowohl auf der Vorder- als auch auf der Rückseite. Auf der Vorderseite steht es meist oben und trennt die Umschrift zwischen ihrem Beginn und Ende. Auf den hochmittelalterlichen Denaren füllt es sogar eine Seite ganz aus. Einmalig erscheint es nun markant auf der Brust des Erzbischofs. Ein kürzlich angebotener Brakteat Konrads von Wittels-

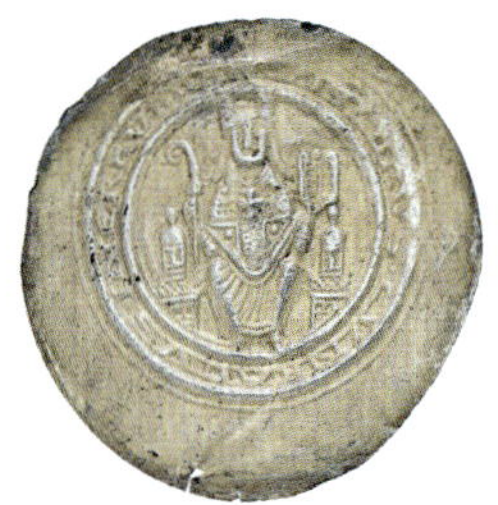

Brakteat mit Kreuz (Erfurt um 1195)

265 Friedensburg 1909, S. 53.
266 Waldecker 2002, S. 12 f. Es wird auf Siegfried I von Eppstein zurückgeführt.
267 Slg. Pick Nr. 791.
268 Zu Stieler s. Pick 2022, S. 22 ff. Zum Gulden s. Slg. Pick Nr. 507, zur Goldprägung des Erzbischofs v. Eltz s. Auktion Künker 386/2023 Nr. 4748.

bach[269] zeigt ihn mit diesem Kreuz. Mit Recht vermutete das Auktionshaus wie schon Heinrich Buchenau den Zusammenhang mit einem Kreuzzug. Dafür spricht schon die Form als gleichschenkliges Tatzenkreuz. Es liefert allerdings weitere Informationen. Wie sich aus der Geschichte der Kreuzzüge ergibt, handelt es sich um den Kreuzzug Heinrich VI. (reg. 1190-1197), der nach dem Tode seines Vaters Barbarossa den Kreuzzug wieder aufnahm. Er ging als der dritte bzw. vierte Kreuzzug in die Geschichte ein. Bei diesem wenig erfolgreichen Unternehmen spielte der Mainzer eine besondere Rolle. Er krönte im Auftrag Papst Coelestins III. (reg. 1191-1198) und Königs Heinrich VI., der allerdings z. Zt. der Krönung schon verstorben war, in Tarsos Levon I. (Leo) von Armenien zum König. Die Krönung erfolgte am 6. 1. 1198[270]. Als Kardinal, päpstlicher Legat und kaiserlicher Vertreter hatte er zwei unterschiedliche Aufgaben zu erfüllen: Eine kirchenrechtliche und eine staatsrechtliche (lehnsrechtliche). Die von dem Gekrönten auf diesen Anlass herausgegebenen Münzen (Trams) vermitteln die damalige Bedeutung der Vorgänge für die Beteiligten.
Aus den Merkmalen (Zeichen) des Brakteaten können wir aber Schlüsse zur Eingrenzung der Datierung ziehen. Einmal befinden wir uns in der zweiten Regierungszeit Erzbischofs Konrad von 1183 bis 1200. Da der Kreuzzug 1198 begann, können wir den Prägezeitpunkt näher bestimmen. Er wäre dann auf die Jahre 1198 bis zum Tod Konrads am 25.10. 1200 einzugrenzen. Andererseits hatte Konrad am 6. 12. 1195 auf dem Hoftag in Gelnhausen seine Teilnahme am Kreuzzug versprochen. Da das Kreuz auch auf diesen Akt der so genannten Kreuznahme Bezug nehmen könnte, ist der Brakteat jedenfalls in den Jahren 1195/1196 bis 1200, dem Sterbejahr Konrads, entstanden.

Auch ein weiterer Brakteat Konrads von Wittelsbach ist mit einem besonderen, auffallenden Merkmal versehen[271]. Auf dem Erfurter Stück ist ein Doppelreichsapfel abgebildet. Da es ebenfalls ein einmalig verwendetes Emblem auf einer Mainzer (Erfurter) Münze darstellt, hat es sicher eine besondere Bewandtnis mit der Verwendung. Hier bietet sich ein Zusammenhang mit der reichsrechtlichen Bedeutung Konrads an. Da Konrad nach seiner Rückkehr vom

Kreuzug in der Doppelwahl von 1198 zwischen Philipp von Schwaben und Otto von Braunschweig vermittelte, kann das Zeichen unmittelbar mit seiner Stellung als Reichs- und Kirchenfürst verbunden werden. Als Erzkanzler und Leiter der Reichskanzlei war er für die ausgehenden kaiserlichen Urkunden verantwortlich. Er hatte sie zu beglaubigen. Von daher ist der Brakteat wohl unmittelbar um diesen Anlass, den Thronstreit, herum geprägt worden. Er wäre damit in das Jahr 1199 zu datieren, nach der Rückkehr Konrads im Sommer 1199 von Akkon über Italien ins Reich[272].

3. Einen Jux will er sich machen ?

Eine Kuriosität stellen die mit Gesichtern oder kleinen Figuren gefüllten Os auf einer Prägung Johanns II. von Nassau dar. Ihre Bedeutung auf der Emission des Goldguldens o. J. (ca. 1414-1417) ist unklar. Sie sind aber wohl keine Spielerei des Münzmeisters, sondern dürften eine besondere Aussage beinhalten. Der damalige Münzmeister war Gerhard von Heinsberg, der am 28. 2. 1394 zum Münzmeister in Bingen bestellt wurde. Er war in der Folge auch für die Münzstätten in Höchst und Lahnstein zuständig; für die drei Münzstätten wurde er schließlich gleichzeitig von 1404 an auf Lebenszeit durch Erzbischof Johann II. (reg. 1397-1419) bestellt. Daraus, dass er nur bis 1409 in dieser Funktion zu finden ist, ist zu schließen, dass der Münzmeister 1409 gestorben ist. Die sichtbare Anerkennung durch die mehrfache Übertragung der Ämter als Münzmeister war sicher auch kein Zufall, denn seine

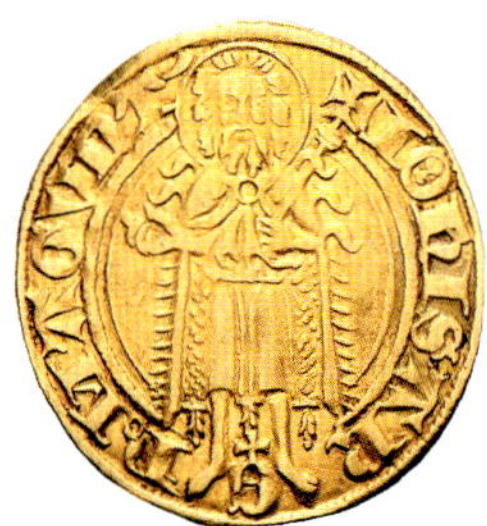

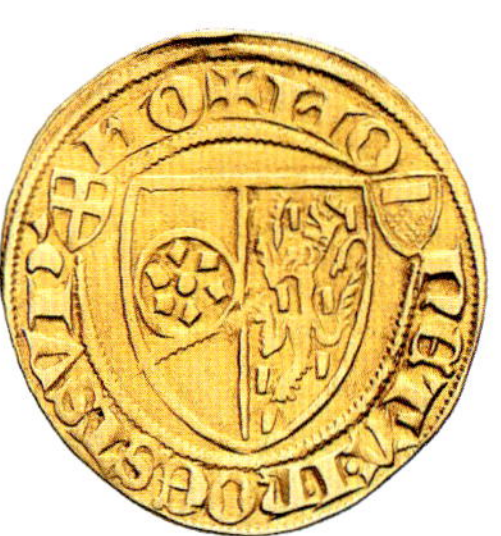

Gulden mit Gesicht, um 1414

269 Auktion Höhn 100/2033 Nr. 1198; Buchenau 1905, Nrn. 197, 198.
270 Dazu Oehring 1973, S. 8 f., 84 ff.
271 Buchenau 1905, Nr. 200.
272 Buchenau ebenda; Jürgensmeier, S. 94 f.; Dobras, Katalog Nr. 100 (S. 13, 65).

Tochter Ida war mit einem Sohn Johanns von Nassau verheiratet. Sein Ansehen hatte der Münzmeister schon unter dem Vorgänger Johanns II., Konrad von Weinsberg (reg. 1390-396) erworben. Gerhard von Heinsberg konnte für die Hochzeit seines Kindes auch eine beträchtliche Mitgift aufbringen, was ihn zusätzlich für Johann II. attraktiv machte. Die Bedeutung dieses Zeichens in den Buchstaben „O“ der Goldgulden bleibt weiterhin im Dunkeln. Übrigens haben auch andere Mitglieder des Rheinischen Münzvereins solche Varianten zugelassen. Wahrscheinlich handelt es sich um einen gemeinsamen Münzmeister/Stempelschneider.

4. Ein „V“ für ein „U“ machen

Eine weitere Auffälligkeit entdeckt man auf mehreren Prägungen der Neuzeit. So ist ein unmotivierter Wechsel von U und V in derselben Umschrift auf mehreren Münzen Erzbischofs Anselm Franz von Ingelheim in den Jahren 1682/1683 zu beobachten. Offenbar war man dabei, die lateinische Schreibweise mit dem „V“ zu verlassen. Der Wechsel konnte sich aber nicht unmittelbar durchsetzen. Selbst die späten Taler 1794 wechselten noch zwischen V und U ab! Es gab demnach bis zum Ende des Kurstaats keine Festlegung in die eine oder andere Richtung.

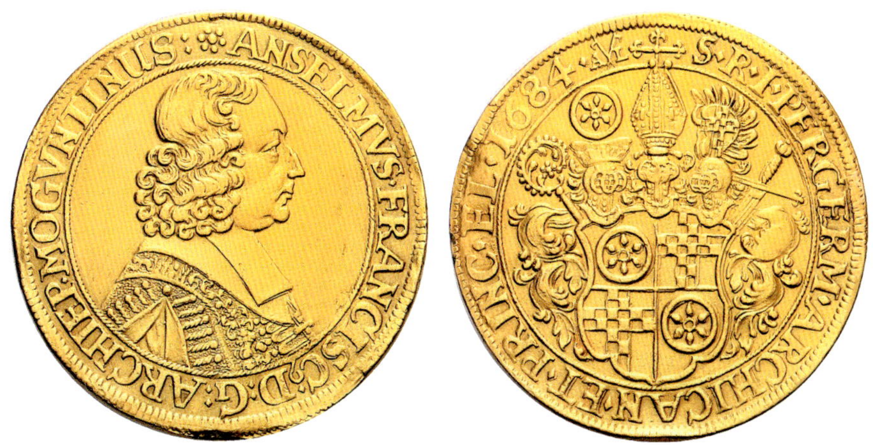

Wechsel von U und V, (Goldabschlag vom Taler 1684)

5. Schwert und Krummstab: Rechts oder links ?

Der Investiturstreit endete bekanntlich mit einem Kompromiss. Im Wormser Konkordat von 1122 wurde die Autonomie des Klerus bei der Wahl des Erz(bischofs) festgehalten, also die Wahl durch das Kapitel. Gleichzeitig blieb es aber bei der Beteiligung der weltlichen Macht, des Kaisers. Dieser übergab die Regalien, Schwert und Stab. Diese Kombination blieb bis zum Ende des Reichs 1803/1806 eine deutsche Spezialität. Der Reichsbischof war damit gleichzeitig Inhaber von geistlichem Bischofsamt und

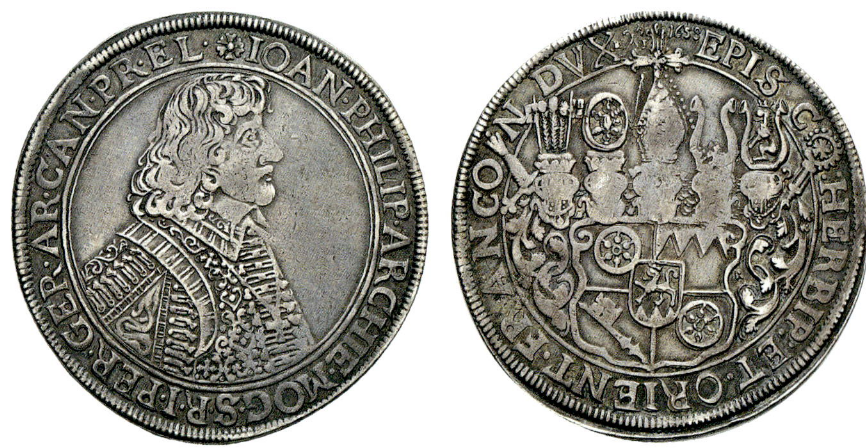

Schwert und Krummstab im Wechsel (auf Talern 1658 und 1679)

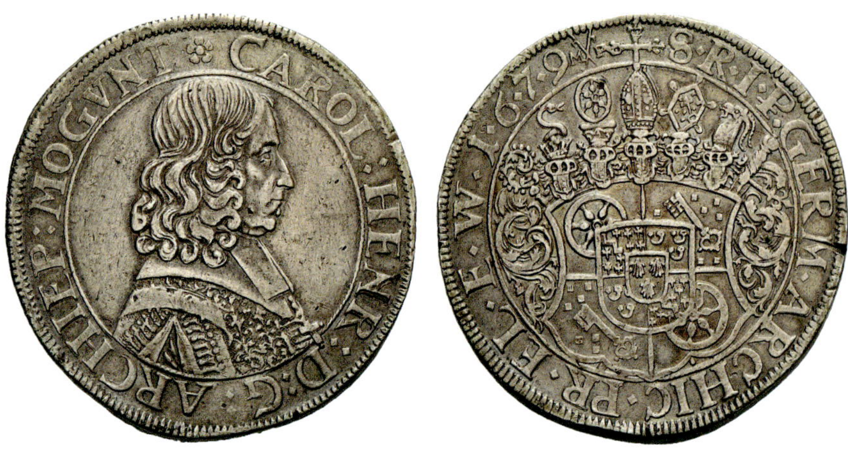

fürstlicher Herrschaft[273]. Deshalb hat auch der vielfach übersehene Wechsel von Schwert und Krummstab über den kurfürstlichen Wappen auf den Rückseiten vieler Nominale nicht nur die Bedeutung als zufällige Variante derselben Prägung. Auf den ersten großen Silbermünzen Albrecht v. Brandenburgs aus seinem Erzbistum Magdeburg, den Guldengroschen von 1525 und 1526, befindet sich aus der Sicht des Betrachters über dem Wappen links das Schwert und rechts der Krummstab. Heraldisch ist die Situation umgekehrt zu gewichten. Das Schwert befindet sich auf der vorrangigen Seite nach dem heraldischen System. Sicher kein Zufall, sondern mit Bedacht gewählt: Der Akzent wird zum Einen auf das Schwert als Symbol seiner weltlichen Macht gelegt[274], zum Anderen auf die Wehrhaftigkeit für den Glauben und/oder wider Angriffe gegen das Erzstift. Dieselbe Reihenfolge erkennt man auch auf dem ersten Mainzer Taler, dem „Bettlertaler" von 1567 während der Regierung Daniel Brendel von Homburgs. Dieselbe Anordnung findet sich auch bei den Nachfolgern. Erst Johann Schweikard von Kronberg (reg. 1604-1626) änderte auf der Wappenseite der Gepräge auf das Aschaffenburger Schloss die Reihenfolge: Sie dürfte einen Hinweis auf die Standhaftigkeit im Glauben darstellen. Schließlich befinden wir uns in der Zeit der Gegenreformation! Vielleicht sollte damit auch die Bestätigung seiner Zusage in seiner Wahlkapitulation gegenüber dem Domkapitel angesprochen sein, das Schloss in Aschaffenburg wieder aufzubauen. Kurfürst Georg Friedrich von Greifenklau (reg. 1626-1629) wechselte 1627 dann wieder mit den Emblemen auf den Talern ab. Anselm Kasimir hielt während seiner gesamten Regierungszeit von 1629 bis 1647 an diesem Bild der Wehrhaftigkeit fest (30jähriger Krieg). Das gilt auch für seinen Nachfolger Johann Philipp von Schönborn (reg. 1647-1673). Eine Ausnahme machen nur dessen Dukaten von 1670/1671! Lothar Friedrich von Metternich-Burscheid (reg. 1673-1675) beginnt seine reichhaltige Serie von so genannten „Sortengulden" ab 1673 bis 1675 mit dem Vorrang des Krummstabs. Er könnte als Zeichen der Dankbarkeit für

273 Angenendt 2008, S. 31.

274 Kern 2016, S. 55. Sie erwähnt, dass Erzbischof Adolf I. von Nassau ein Schwert in seine Grablege mitgegeben wurde.

göttlichen Beistand anlässlich seiner Wahl zum Erzbischof gewertet werden. Daran hält er übrigens auf Dauer fest. Ebenso Damian Hartard von der Leyen (reg. 1675-1679) in seinen Prägungen für Mainz, anders in Erfurt! War dies eine Machtdemonstration gegenüber der aufmüpfigen Stadt in Thüringen? Karl Heinrich von Metternich-Virneburg hielt es während seiner kurzzeitigen Regierung im Jahre 1679 wie seine Vorgänger, also mit dem Krummstab auf der vorrangigen Seite. Interessant wird die Rangfrage „Schwert oder Krummstab" wieder unter Anselm Franz v. Ingelheim: er beginnt zuerst 1679 mit dem „Friedenswunschtaler" auf den Frieden von Nijmwegen und dem Schwert heraldisch rechts, vielleicht eine Demonstration gegen die feindlichen Absichten Ludwig XIV., dem nur mit wehrhafter Verteidigung begegnet werden kann. Später ab 1680 ließ er die Symbole wechselseitig links und rechts verwenden, vor allem auf den häufigen Sortengulden. Ab 1687 steht wieder das Schwert im Vordergrund, wobei dies in der Zeit von 1690-1695 auffällt. Es scheint wieder im Zusammenhang mit der Aggressionspolitik Ludwig XIV. zu stehen, der im Pfälzischen Erbfolgekrieg auch Mainz immer wieder bedrohte und 1688/1689 besetzte. Eine Ausnahme macht lediglich ein 15 Kreuzer-Stück von 1690, was wohl eher Zufall ist. Lothar Franz v. Schönborn (reg. 1695-1729) prägte Taler für Bamberg vorrangig mit dem Krummstab auf der privilegierten rechten Seite. Friedrich Karl von Eltz (reg. 1732-1743) kehrte wieder zum vorrangigen Schwert zurück. Auch Friedrich Karl von Ostein (reg. 1743-1773) hielt daran fest. Schließlich blieb auch Emmerich Joseph bei der Betonung auf das Schwert. Der letzte noch in Mainz regierende Kurfürst Friedrich Karl Josef von Erthal (1774-1802) verzichtete dann ganz auf die Verwendung.

6. Die Öffnung des Krummstabs: nach außen oder nach innen

Es fällt auf, dass auf einigen Prägungen die Öffnung des Krummstabs des Erzbischofs variiert. Gewöhnlich öffnet sich der obere gebogene Teil, die Krümme, nach außen. Diese Form war das Zeichen des Bischofs und repräsentierte seine bischöfliche Leitungsgewalt. Zeigte die Krümme dagegen nach innen, war der Akzent eher auf die geistliche Führung gerichtet. Ob diese Differenzierung den Entscheidern über die Prägung so bewusst war, bleibt offen. Fest zu stellen ist, dass diese letztere Haltung des Krummstabs zwar seltener auf den Münzen ist, aber sowohl im späten Mittelalter bis in die Neuzeit immer wieder vorkommt. So schon bei Johann II. von Nassau auf einem zwischen 1397 und 1399 in Höchst geprägten Goldgulden im Kontrast zu dem gleichzeitigen Binger Gulden, der den thronenden Erzbischof mit der nach außen geöffneten Krümme zeigt. Die zeitlich in etwa zusammenfallenden weiteren Prägungen scheinen eher ein Hinweis auf die unterschiedlichen Prägestätten zu sein als dass man damit eine Differenzierung der Bedeutung nach der Ausrichtung der Krümme ausdrücken wollte. Auch spätere gleichartige Wechsel der Öffnung unter Lothar Friedrich von Metternich Burscheid (auf einem ½ Gulden 1673), Damian Hartard von der Leyen (Doppel)Taler 1676) und Anselm Franz von Ingelheim (Reichstaler/Goldabschlag 1682) scheinen keine besondere Bedeutung zu haben.

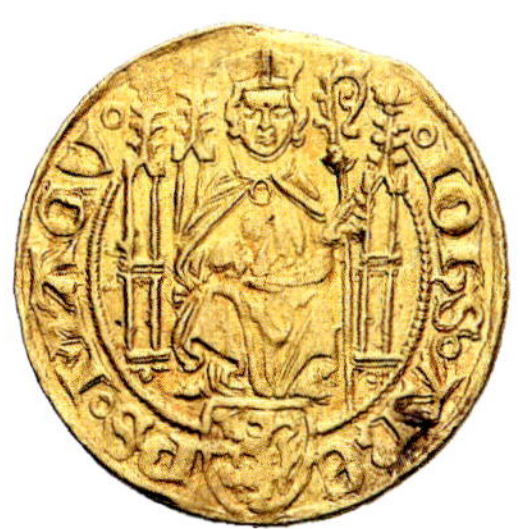

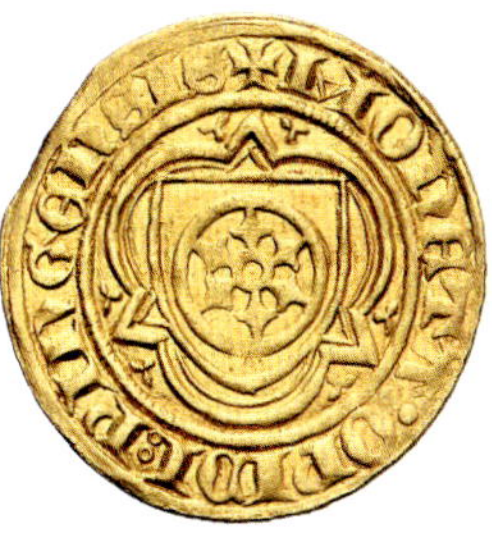

Krummstab auf Gulden Johanns II. nach außen (oben) und innen (unten)

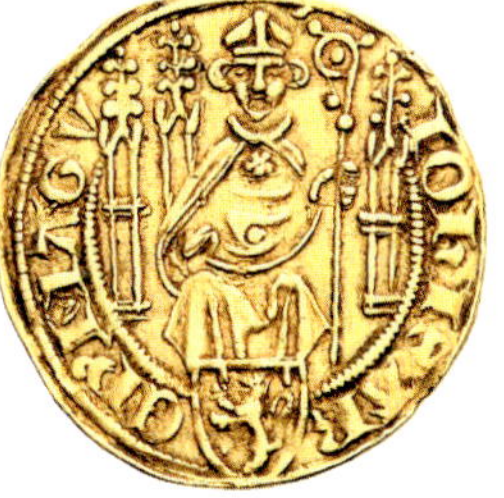

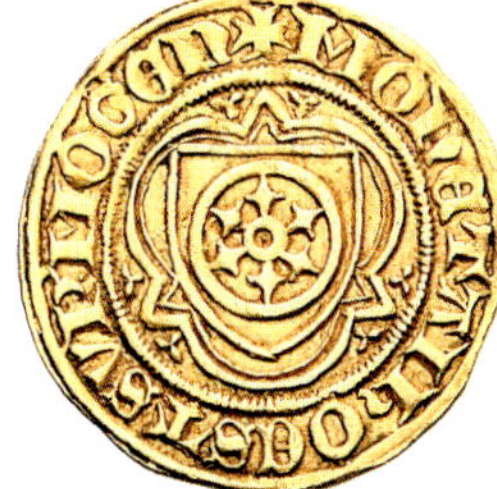

7. Die so genannten „Zwitterprägungen“

Eine Besonderheit stellen die Zwittergulden Adolf I. von Nassau dar, die noch jahrelang nach der Bestätigung als Erzbischof 1379/1381 immer noch geprägt wurden. Verwendet wurden Stempel aus der Administratorzeit Adolfs bis 1379 zusammen mit aktuellen Stempeln als Erzbischof. Was waren die Gründe dafür?

Seltsamerweise ist die Frage nur von Link[275] aufgeworfen und beantwortet worden: „Den eigentlich nicht mehr passenden, aber noch brauchbaren Vorderseitenstempel hat man wahrscheinlich aus Sparsamkeit vorerst weiterbenutzt". Jedenfalls zunächst eine plausible Erklärung, wenn auch nicht ganz überzeugend. Ich glaube aber, dass es sich eher um eine Reverenz Adolfs gegenüber dem Domkapitel handelt, das während der langen Wartezeit bis zur Bestätigung durch Kaiser und Papst treu zu ihm stand, indem es ihn wie einen von beiden Instanzen bestätigten Erzbischof behandelte. Ein zweites Mal ist eine Zwitterprägung während der Regierung von Anselm Kasimir Wambold von Umstadt erfolgt. Hier wurde die Vorderseite des Talers von 1637 mit der neuen Rückseite eines Talers von 1641 verbunden[276]. Die Gründe bleiben im Dunkel. Vielleicht hat man versehentlich einen noch verwendbaren

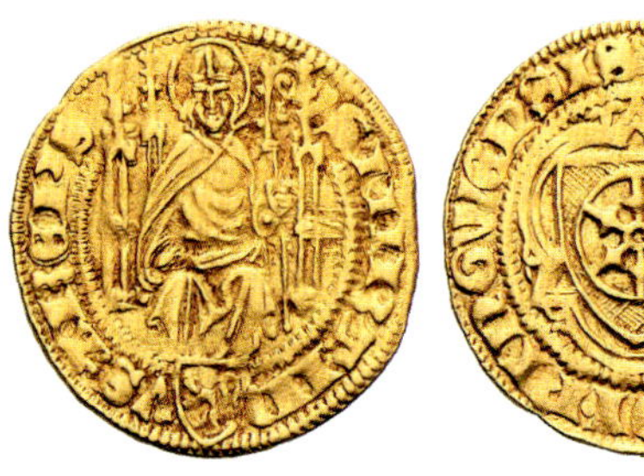

Zwitterprägung eines Gulden (um 1379)

Stempel benutzt. Dafür könnte die relative Seltenheit der Prägung ins Feld geführt werden. Vielleicht hat man das Versehen bald bemerkt und die Prägung eingestellt oder zurückgezogen. Eine solche Zweitverwendung eines Stempels kam auch nur selten vor, denn eigentlich wurden die Stempel nach dem Auslaufen der Emission vernichtet oder zumindest unbrauchbar gemacht.

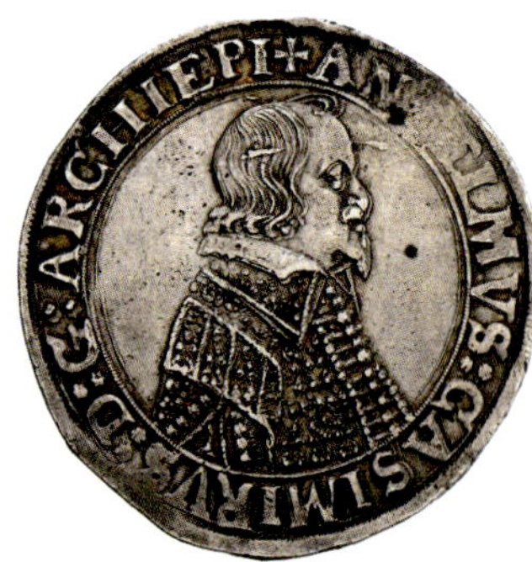

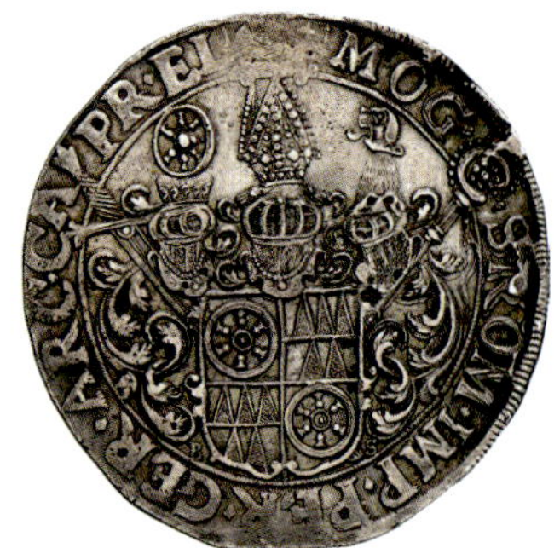

Zwitterprägung der Talerstempel von 1637/1641

275 Link 1989, S. 249.
276 Nicht in Slg. Pick.

8. „Admininistrator-Gulden“

Befassen wir uns nun des Näheren mit dem Titel „Administrator“. Auf den ersten Prägungen Erzbischofs Adolf I. von Nassau befindet sich eine Bezeichnung, die sonst nicht auf Mainzer Münzen vorkommt, nämlich die eines „Administrator ecclesiae Moguntinae“. Aus Gründen der Platzökonomie erscheint sie in der Umschrift auf den Gulden immer in abgekürzter Form, diese aber wiederum variiert. Im April 1373, nach dem Tode Johanns I. von Luxemburg-Ligny (reg. 1371-1373), wurde Adolf von Nassau zum 2. Mal vom Mainzer Domkapitel zum Erzbischof von Mainz gewählt. Er wurde allerdings nur zum Administrator bestellt, da man mit Recht Probleme der Anerkennung durch Kaiser und Papst vermutete. Kaiser Karl IV. (reg. 1346-1378) betrieb die Besetzung des Mainzer Stuhls mit dem Bischof von Straßburg, Ludwig von Meißen, um die Wahl seines Sohnes Wenzel zum Mitkönig zu sichern. Das daraus folgende Mainzer Schisma wurde in die Wirren des parallel ablaufenden großen abendländischen Schismas einbezogen und zusätzlich negativ beeinflusst. Papst Gregor XI. entsprach dem Wunsch Kaiser Karls, aber das Erzbistum hielt an der Wahl Adolfs, dem damaligen Bischof von Speyer, fest.

Nach Beendigung des päpstlichen Exils in Avignon 1376 folgte 1378 eine Doppelwahl von zwei Päpsten: Urban VI. und Klemens VII. Urban entschied im September 1378 auf Bitten des Kapitels zwar für Adolf, revidierte seine Entscheidung jedoch nach Intervention König Wenzels. Daraufhin beschloss das Kapitel die Anerkennung des Gegenpapstes Klemens VII., der am 18. April 1379 die Wahl Adolfs bestätigte[277]. Eine allseitige Anerkennung erfolgte aber erst 1381, als König Wenzel sich mit Adolf versöhnte und dieser mit dem Kapitel seinerseits Papst Urban VI. anerkannte. Die von Anfang an bestehenden Probleme hatten Adolf von Nassau und das Kapitel nicht gehindert, bis dahin den Administrator quasi als legitimen Erzbischof anzusehen. Diese Kooperation hielt auch während dieses Schwebezustands bis zur Anerkennung des

277 Zu den Einzelheiten s. Jürgensmeier 1989, S. 142 ff.

Gewählten. Bis dahin galt er als Amtsinhaber, der schon wie ein Landesherr schalten und walten konnte. Adolf von Nassau hatte de facto das gesamte Gebiet des Erzbistums in der Hand, während sein Gegner Ludwig von Meißen auf den kleinen Bereich um Langensalza beschränkt blieb. Das wirkte sich auch auf die Münzprägung aus, die mit Adolf als „Verwalter der Mainzer Kirche" in Bingen 1373 begann und bis zur ersten päpstlichen Anerkennung 1379 aufrecht erhalten wurde. Erst danach folgte die Prägung als Erzbischof. Der Titel „Administrator ecclesiae Moguntinae" wurde abgekürzt z. B. mit „AMINISTT EC M", AMINISTT MO" oder AMINISTT ECI". Mit „Mainzer Kirche" sollte die Sonderstellung des Erzbistums auch gegenüber Rom hervorgehoben werden, die allgemein mit dem Zusatz z. B. auf päpstlichen Urkunden und Siegeln mit „filia specialis ecclesiae Romanae" zum Ausdruck kam.

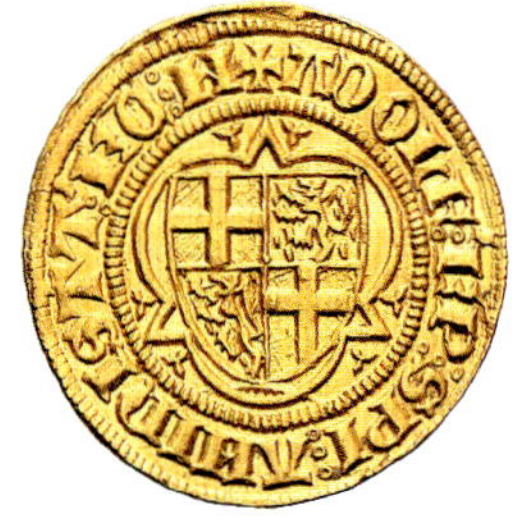
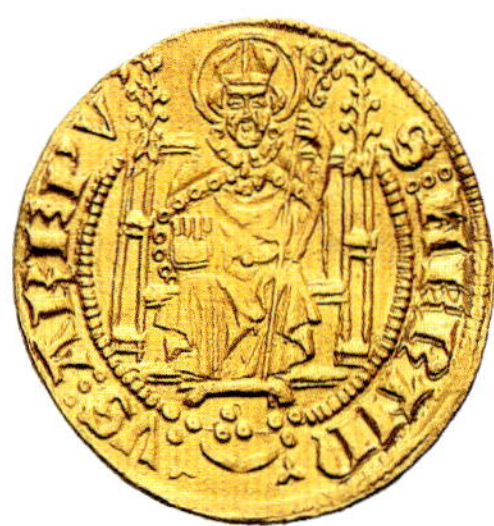

Administrator-Gulden, um 1373

9. Keine Gegenstempelung am Rhein

Im 14. und 15. Jahrhundert markierten einige Reichsstände, vor allem Städte, aber auch der fränkische Reichskreis, den Gold- und Silbergehalt des bei ihnen umlaufenden Geldes. Das wurde in erster Linie für das wesentlich häufiger gebrauchte Silbergeld (Groschen) praktiziert. Mit dieser Art der Wertfeststellung tat sich u. a. auch Erfurt (um 1460-1465) hervor. Dabei differenzierte die Stadt, indem Gegenstempel mit einem einfachen (Mainzer) Rad, Doppelrad, einem halben Rad bzw. zwei halben Rädern verwendet wurden: Mit diesen Formen wurde eine einmalige und genaue Charakterisierung bei der Gegenstempelung vorgenommen! Denn es konnte ein noch genaueres Bild des Wertes auswärtiger Währung vermittelt werden. Auch für den „kleinen Mann" war es somit möglich, fremdes Geld ohne Bedenken und Zweifel über den Silbergehalt anzunehmen und zu verwenden. Die Gegenstempelung findet man vorwiegend auf Meißner und hessischen Groschen. Sie ist auf die Jahre 1460-1465 zu terminieren[278]. Bei Goldmünzen ist die Gegenstempelung weniger häufig zu beobachten. Nur einzelne Städte, vorwiegend Mitglieder der Hanse wie Hamburg und Lübeck, markierten rheinische Goldgulden. Der Fränkische Kreis tat sich später im Rahmen der Prägung der silbernen „Sortengulden“ zu 60 Kreuzern dabei besonders hervor. Ein gewisses Kuriosum liegt übrigens darin, dass Erfurt auch Groschen Dieter von Isenburgs aus der Münzstätte Heiligenstadt gegenstempelte. Vielleicht wollte man damit einen Beweis der Unabhängigkeit von den Kurmainzer Wurzeln liefern. Auf Mainzer Goldstücken sind von Hamburg und Lübeck Gegenstempel mit ihren städtischen Emblemen bekannt[279]. Die Seltenheit solcher Markierungen spricht dafür, dass die Personen, die mittels Goldmünzen zahlen konnten, im allgemeinen keinen Hinweis benötigten, denn, wie schon ausgeführt, ergaben sich die relevanten Fakten aus den Rheinischen Münzverträgen. Überdies waren sie schon dann gut informiert, wenn sie der städtischen Oberschicht als Kaufleute angehörten. Sie benötigten einen solchen Kompass nicht, eher die Handwerker und der Kleinhandel. Die Markierungen waren im allgemeinen Ausweis für gutes werthaltiges Geld. Warum keine kurrheinische Gegenstempelung bekannt ist, ist bisher nicht geklärt. Das kann daran liegen, dass man über das eingehende Geld informiert war. Die Zusammenarbeit tat dabei ein Übriges. Man tauschte sich sicher auch mittels schriftlicher Valvationen und Verrufungen aus. Oder man hat es gar nicht erst angenommen.

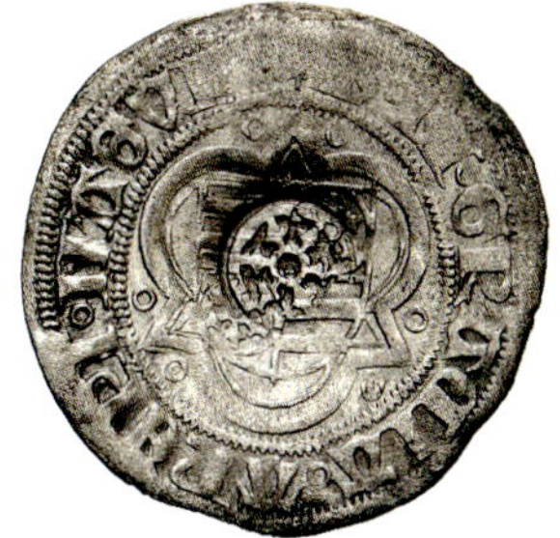

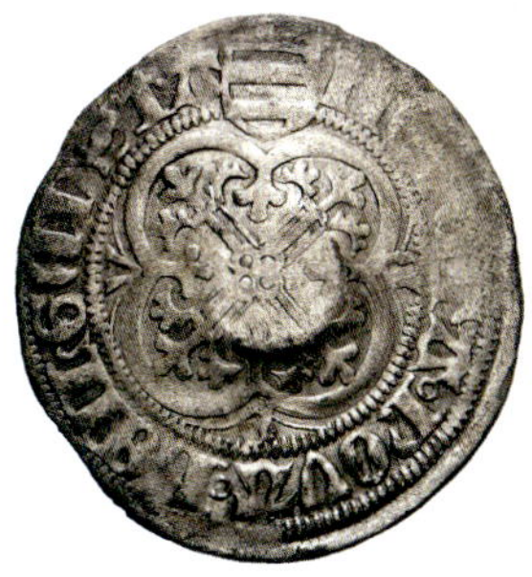

Gegenstempel von Erfurt, um 1465

278 Krusy 1974, S. 76 f.: nach ihm bezeichnen die Doppelhalbräder einen höheren Wert als die anderen Stempel. Lauerwald 1976, S. 76.

279 Beispiel in Slg. Pick, Nr. 159: auf einem Gulden Konrads von Dhaun 1427/1428; Steinbach 2021/II, S. 194 f.

10. Verwendung eines Wahlspruchs

In einigen Fällen war der Kurfürst darauf bedacht, auch seinen Wahlspruch zur Aufwertung seiner Person zu nutzen. Auf den Gulden der Frühzeit des Kurrheinischen Münzvereins spielen weder gemeinsame noch individuelle (Wahl)Sprüche eine Rolle. Im Interesse des einheitlichen Auftretens, dem Markenzeichen des Münzvereins, war dafür -nicht zuletzt aus Platzgründen- kein Raum. Lediglich Gerlach von Nassau verwendete auf dem äußerst seltenen Turnos aus Bingen, geprägt zwischen 1354 und 1371[280], den Spruch „BENEDICTVM SIT NOMEN DOMINI IESV CHRISTI". Dies bot sich an, um entsprechend dem Vorbild aus Tours den äußeren Schriftkreis auf der Vorderseite zu füllen. Bei dieser Groschenmünze fand dich genügend Platz für den Schriftbereich. Wesentlich später folgte Uriel von Gemmingen (reg. 1508-1514) mit dem Slogan „TRINITA (TI) LAVS": Ein Lob auf die Dreieinigkeit auf dem Gulden 1509. Dieser fiel mit der Neubelebung des Rheinischen Münzvereins vom 1. 10. 1509 zusammen[281]. Albrecht von Brandenburg setzte wenige Jahre später seinen Wahlspruch lediglich auf seine prächtigen Medaillen: „Dominus mihi adiutor quem timebo": Der Herr ist mein Helfer, den ich fürchte. Er erscheint allerdings nur auf den jährlichen gewichtigen „Geburtstagsmedaillen", denn nur sie boten den Medailleuren genügend Raum. Dadurch waren sie in erster Linie als Donative gedacht. Auch Anselm Franz v. Ingelheim verwendete eine Losung auf seinen Prägungen: „Dextera domini exaltavit me": Gottes Rechte hat mich erhoben. Merkwürdigerweise prägte er weder seine großen Medaillen noch die Taler mit diesem Wahlspruch, sondern ab 1690 nur die Sortengulden zu 60 Kreuzern und die 15-Kreuzer-Stücke! Ein Grund könnte sein, dass es ihm darauf ankam, auf diesen eher umlaufenden Nominalen seine Dankbarkeit für die göttliche Unterstützung seiner Erhebung zum geistlichen Reichsfürsten auch dem einfachen Volk zu zeigen. Die Schau (Taler) und Medaillen, deren Größe dazu weitaus geeigneter gewesen wären,

280 Link 1989, S. 251. Während der Gulden ca. 22 mm im Durchschnitt maß, hatte der Turnos einen Durchmesser von 25 mm.

281 Diepenbach 1949, S. 114.

schmückte er offenbar aus Gründen des Stolzes auf seine hohen Ämter und das Familienansehen lieber mit der Präsentation seines großen Wappens: Vierfeldig die Schilde von Mainz (1/4) und (2/3) der Familie Ingelheim, dreifach behelmt mit Rad, Mitra und Busch, besteckt mit Schwert, Kreuz und Krummstab, an den Seiten reich geschmückt. Es füllte die gesamte Rückseite der Prägungen aus.

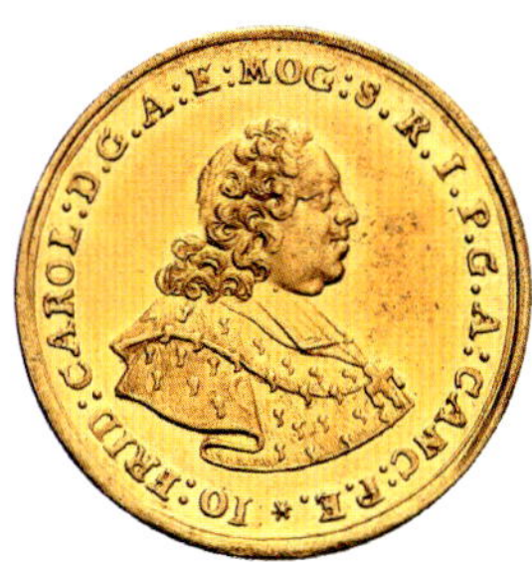

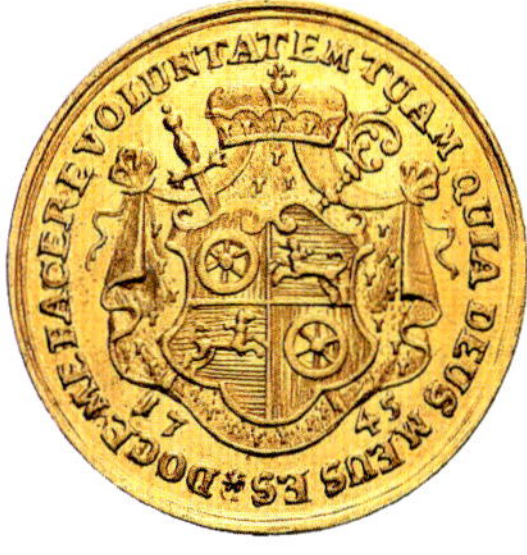

Ein längerer Wahlspruch (1745)

Den knappsten Wahlspruch verwendete Franz Ludwig von Pfalz-Neuburg (reg. 1729-1732). Sein „DEO DUCE" („Gott ist mein Führer") findet sich z. B. auf dem Dukaten von 1730. Ansonsten hatte er auf seiner Taler- und Medaillenprägung neben seinen zahlreichen Ämtern und Würden keinen Platz. So lesen wir auf der Vorderseite des 1/2 Schautalers von 1732 die stattliche Aufreihung: FRAN LUD D G ARCH MOG S R I PRIN EL, die sich auf der Rückseite fortsetzt mit : SUP M ORD TEU ET EP WOR & WRA P E C P RH B I C & M DUX (s. dazu oben S. 53).

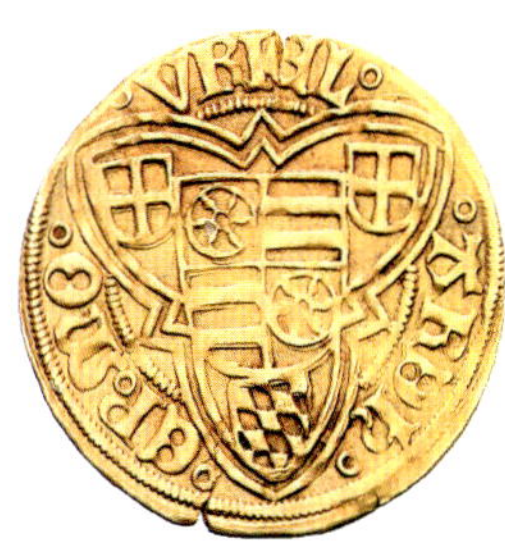

Ihm folgte Philipp Karl von Eltz-Kempenich (reg. 1732-1743), der auf Münzen und Medaillen pries: „DOMINUS REGIT ME ET NIHIL MIHI DEERIT" (Gott leitet mich und nichts wird mir fehlen)".

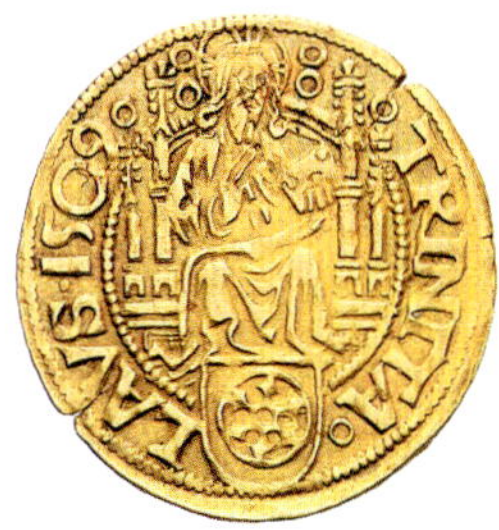

Der knappe Wahlspruch, 1509

Der nächste Mainzer Kirchenfürst, der seinen Wahlspruch auf den Schau (talern) verbreitete, war Friedrich Karl von Ostein (reg. 1743-1763): „Doce me facere voluntatem tuam, quia deus meus es": („Lehre mich, deinen Willen zu erfüllen, weil du mein Gott bist“). Obwohl die christliche Gesinnung wohl allen Kurfürsten eigen war, ist sie nur in einigen Fällen mit einer christlichen Sentenz auf Münzen untermauert worden. Der Mehrzahl erschien sie neben den sonst verwendeten Epitheta wohl überflüssig. Dies könnte dafürsprechen, dass diese doch recht seltenen Talernominale ebenso wie die Medaillen mit dem Wahlspruch eher zur eigenhändigen Verteilung an Persönlichkeiten vorgesehen und nicht zum Umlauf gedacht waren. Auch Kurfürst Emmerich Joseph von Breidbach-Bürresheim verwendete einen Wahlspruch auf seinen Münzen (s. S. 110). Allerdings setzte er ihn dezent auf den Rand seine Talerprägungen: „DEO PATRIAE ET SVBDITIS“ (Für Gott, Vaterland und die Untertanen). Gleichzeitig diente er einem ganz handfesten Zweck: Er sollte die Münzen gegen Beschneidungen schützen, also Manipulationen vorbeugen.

11. Auch die schwedischen Besatzer haben etwas mitzuteilen

Während der schwedischen Besetzung von Mainz vom 13. /23. Dezember bis zum Januar 1636 wurde eine Vielfalt von Gold- und Silbermünzen geprägt[282]. Darunter befinden sich zwei Dukaten, die auf der Vorderseite den stehenden, gekrönten und gerüsteten König zeigen, der ein Zepter und einen Reichsapfel in den Händen hält. Die Rückseiten tragen beide eine sechszeilige Schrift mit „IN PVGNIS FVERAT LEO R GVSTAVVUS ADOLFVS PRO DOMINI MORIENS MANSIT HONORE LEO“. Sie unterscheiden sich nur dadurch, dass die Schrift wie hier nicht eingefasst ist, während sie im anderen Fall in eine Tafel gerahmt

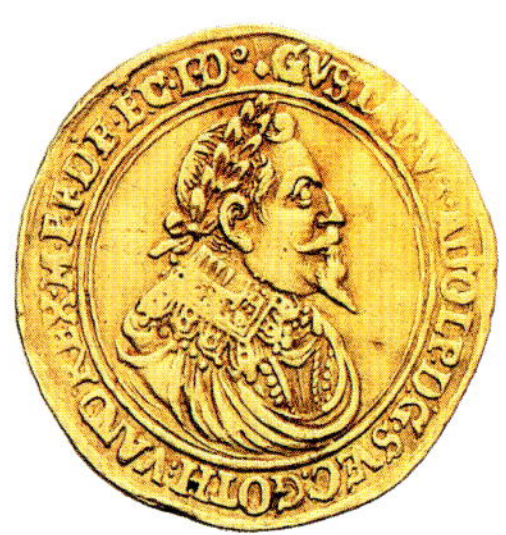

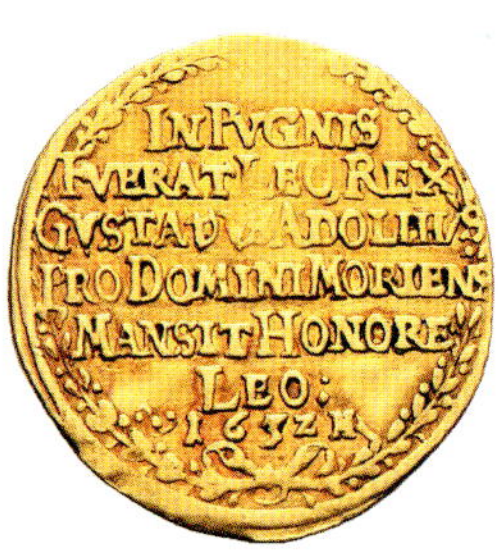

Dukat (posthum) des Besetzers Gustav Adolf (Mainz 1632)

282 Dazu zuletzt Pick 2021, S. 239 ff.

283 S. die Abbildung der Slg. Hagander (Künker Auktion 196/2011 Nr. 5033).

ist[283]. Auch hier ist den Verantwortlichen ein grammatischer Fehler unterlaufen, als nach PRO das Wort DOMINO hätte folgen müssen statt des Genitivs. Die Darstellung als Löwe im Leben wie im Tod macht aus dem Verlierer einen Sieger, der mit und für Gott gekämpft und gestorben ist. Inhaltlich bedeutet das Ganze eine Umwertung, indem aus der militärischen Katastrophe, dem Tod des Königs in der Schlacht von Lützen im November 1632, durch die göttliche Hilfe ein Löwe gemacht wird. Dieser kämpft im Leben wie im Tod als der königliche Löwe für die Sache der Reformation und ihrer Anhänger. So wird aus der Niederlage und dem Verlust des Lebens im Wege der propagandistischen Überhöhung eine siegreiche Märtyrergestalt, die sich für ihre Glaubensgenossen geopfert hat.

12. Ein Fall der Nachbarschaftshilfe: Goldgulden für Würzburg 1626/1627

Als Kuriosum aus heutiger Sicht erweist sich die Prägung von „Vereinsgulden" in den Jahren 1626/1627 während der Amtszeit Erzbischofs Georg Friedrich von Greifenklau-Vollrads (1626-1629). In diesem Fall wird besonders deutlich, dass ohne die Einbeziehung des historischen Hintergrunds diese Aktion nicht zu verstehen ist[284]. Im Jahre 1443 hatte das Bistum Würzburg die Stadt Kitzingen an die Landgrafschaft Brandenburg-Ansbach verpfändet. Die Vereinbarung sah vor, dass das Stift für die Wiedereinlösung des Pfandes 39100 rheinische Goldgulden „gut an gold und schwer gnug am rechten gewicht Landswehrung zu francken" aufzuwenden habe[285]. Der Würzburger Bischof Adolf von Ehrenberg (reg. 1623-1631) wandte sich an Mainz mit der Bitte, 40000 Gulden des Rheinischen Münzvereins nach Maßgabe der Augsburger Münzordnung von 1559 prägen zu dürfen. Hinsichtlich der Ausführung war vorgesehen, das Mainzer Wappen auf die Vorderseite zu setzen und auf der Rückseite die Wappen der vier rheinischen Kurfürsten zu platzieren. Der Erzbischof war einverstanden, die Prägung unter Mainzer Verantwortung in Frankfurt a. M. vornehmen zu lassen. Münzmeister war Kaspar Ayrer[286], der mit seiner Signatur für die ordnungsmäßige Prägung einstand.. Stempelschneider war wohl Lorenz Schilling in Frankfurt[287]. Dabei übernahm man bewusst nicht die alten Formen der Vereinsgulden, sondern brachte sie in eine „moderne" d. h. barocke Form. Nach der Notifikation des Vorhabens durch den Erzbischof gegenüber seinen Mitkurfürsten am Rhein erfolgte die Prägung zum großen Missfallen der Brandenburg-Ansbacher. Erst nach langen (Rechts) Streitigkeiten, wobei die Markgrafschaft u. a. den Feingehalt von nur 18 Karat 6 Grän rügte, hatte Würzburg Erfolg. Die Gegenseite berief sich dabei auf einen Feingehalt von 19 Karat, den die Frankfurter Reformation 1442 vorgeschrieben habe[288]. Der Münzverein hatte diesen Feingehalt ebenfalls in ihrem Vertrag vom 17. 9. 1437 vereinbart. Die Rückgabe Kitzingens erfolgte 1629, aber erst nach Einschaltung der Reichsgerichtsbarkeit auf die Klage Würzburgs 1626 beim Reichshofrat hin. Der Würzburger Bischof zahlte die beim kaiserlichen Landgericht hinterlegte Pfandsumme am 18. 1. 1629 aus. Danach erfolgte die Übergabe an Würzburg am 20. 1. 1629. Da die Ansbacher Markgrafen sich mit dem Verlust nicht abfinden konnten, dauerte es bis 1672, als eine endgültige Regelung getroffen werden konnte. Nutznießer war damit der Mainzer Erzbischof – gleichzeitig der Würzburger Oberhirte (seit 1642) – Johann Philipp von Schönborn (reg 1647-1673), eine ironische Pointe in diesem Verfahren!

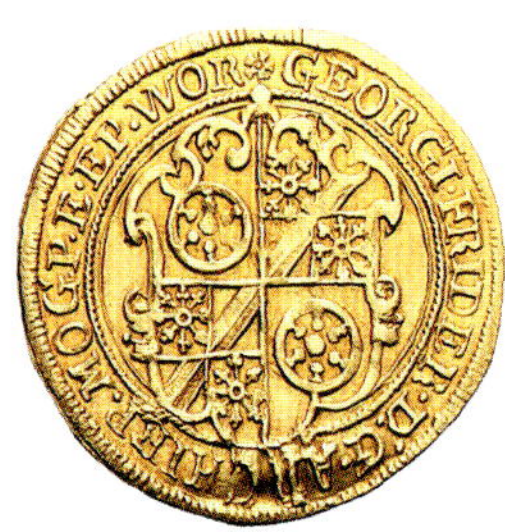

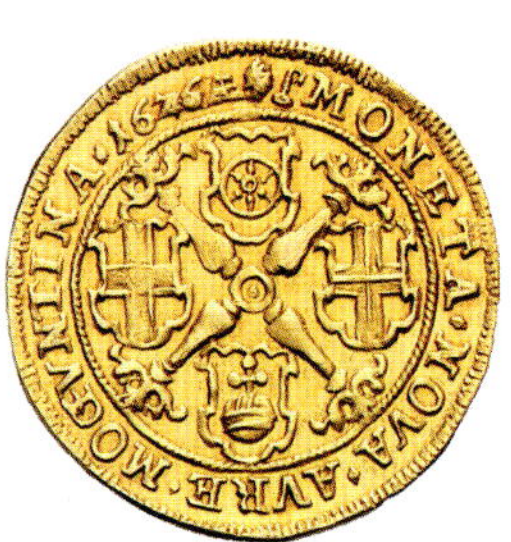

„Nachbarschaftshilfe" für Würzburg (ein später Goldgulden von 1626)

284 Eichelmann z. B. gibt den Gulden von 1626 kommentarlos wieder (2014/ II, Abb. Nr. 363), übrigens die Nr. 339 aus meiner Sammlung, was nicht erwähnt wird!

285 Lockner 1900, S. 164 ff.; Pick 2006, S. 77.

286 Zu diesem Pick 2021, S. 244, 254.

287 Zu diesem Pick 2021, S. 239 ff. (244).

288 In der Tat schrieb die „Reformatio" Kaiser Friedrichs III. einen Feingoldgehalt von 19 Karat vor, der schon seit 1437 reichsweit gelten sollte (Eichelmann 2014/ II, S. 235); im Einzelnen s. Rechter 1995, S. 138.

13. Ein Goldgulden und ein Albus zeigen den Mainzern, „wo´s lang geht“

Zwei der interessantesten Prägungen in der Mainzer Münzgeschichte sind ein von Adolf II von Nassau veranlasster, undatierter Gulden und ein ebenfalls undatierter Albus des Münzvereins. Sie müssen unmittelbar nach der Transferierung der Münze von Bingen nach Mainz entstanden sein, also zwischen 1461 / 1462 und der nächsten kurfürstlichen Vereinbarung, nämlich der von Boppard am 11. 10. 1464. Inzwischen hatte der langwierige Streit zwischen Dieter v. Isenburg und Adolf v. Nassau um den Mainzer Stuhl (die „Große Mainzer Stiftsfehde“) seit 1461 zwar noch kein Ende gefunden, doch hatte Adolf die Stadt Mainz in einer blutigen Aktion erobert. Damit war das wichtige Unterstift mit der jetzigen Residenzstadt Mainz, dem Rheingau und dem Odenwald in seiner Hand. Die Träume der Mainzer Bürgerschaft von einer „freien“ Stadt waren zerplatzt. Adolf war jetzt zwar gewählt und durch Papst Pius II. am 21. 8. 1461 bestätigt worden, war jedoch von Reichs wegen noch nicht inthronisiert.

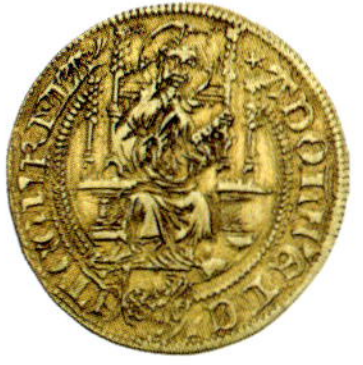
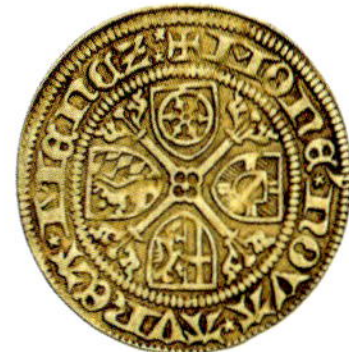

Gulden mit „Mencz“ für die Honoratioren, 1461 / 1462

Dem trägt der Gulden auf der Vorderseite auch Rechnung. Den thronenden Christus umrahmt die Umschrift „ADOLF ELC`-ET CONF.MA´“, also Adolf als gewählter (ELECTVS) und bestätigter (CONFIRMATVS) Erzbischof. Dabei könnte MA an Stelle von CONFIR(MA)TVS auch für MA(GVNTINVS) stehen, eine vielleicht gewollte Doppeldeutigkeit! Die Rückseite wird beherrscht durch ein Blumenkreuz, in den Winkeln die Wappen von Mainz (oben), in der Mitte die von Pfalz/Bayern und Trier und unten Köln. Auch hier ist das Rangverhältnis evident: Der Pfalz wird der zweite Rang eingeräumt, weil der Trierer noch nicht bestätigt ist und Köln (noch) nicht am Vertrag beteiligt war und auf die unterste Stelle i. S. eines Platzhalters

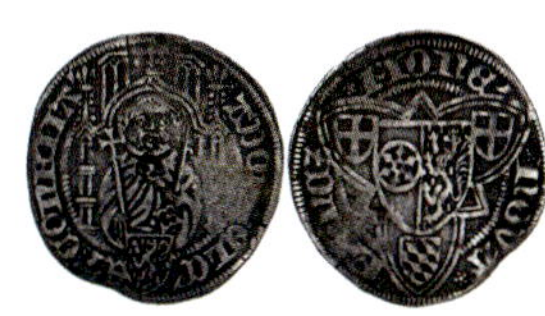

Albus mit „Mencz“ für die Bürger, 1461 / 1462

rutschte. Die spezielle Bedeutung für Mainz erschließt sich durch die Umschrift. Sie lautet: +MONE´(TA) * NOVA * AVREA * MENCZ*. Sie enthält zweierlei Aussagen: Erstens nimmt Adolf s(ein) alleiniges Prägerecht in der Stadt für alle Sorten in Anspruch. Dies war lange streitig zwischen der Stadt und den Erzbischöfen. Zweitens ist die traditionelle lateinische Form für MONETA NOVA AVREA MOGVNTINA durch den deutschen Namen für Mainz mit „MENCZ" ersetzt. Diese Form ist nicht nur ein Novum, sondern eine einmalige, die keine Fortsetzung erfuhr. Das hat m. E. seinen Grund. Dieser ist bisher noch nie problematisiert worden, was einerseits an der Seltenheit liegt, zum anderen mit der Unkenntnis bzw. Ignorierung der Numismatiker hinsichtlich der Mainzer Stiftsfehde und ihrer Bedeutung für Stift und Stadt zusammenhängt. Ich verstehe diese Version als deutliche Mahnung und Warnung gegenüber den Bürgern, sich dem neuen Stadtherrn nicht zu widersetzen. Die jedem lesefähigen Bewohner verständliche Botschaft sollte an die blutige Unterwerfung durch Adolf erinnern. Es blieb aber an dieser einmaligen Mahnung auf „gut" deutsch. Fortan wurde wieder bei den Gulden das gewohnte MA(GVNTINA) benutzt. Dasselbe gilt auch für den Albus, der angesichts seines geringeren Werts auch für den „Normalbürger" erreichbar war. Hier lautet die Umschrift auf der Vorderseite: ADOLF ELC´ ET CONF´MA´, während auf der Rückseite MONE´NOVA MENCZ zu lesen ist: die gleiche Machtdemonstration. Nach dieser Klarstellung durch den Stadtherrn ging Adolf von Nassau in der Folgezeit auf einen Versöhnungskurs, der sich dann auch auf seinen Münzen wiederfindet.

14. Eine Klärung nach 200 Jahren: Die Medaille mit dem „Ball"

Das Beispiel dieser Medaille aus dem 18. Jahrhundert zeigt zweierlei: Erstens die Aktualität des Wortes von Goethe: „Es erben sich Gesetz und Rechte wie eine ewige Krankheit fort". Übertragen auf die Numismatik: Es wird häufig tradiert, was die Altvorderen einmal ausgesprochen haben, ohne dass es kritisch hinterfragt wird. Zweitens: Es dauert manchmal lange, bis sich eine Richtigstellung auch tatsächlich durchsetzt. In unserem Fall dauerte es fast 200 Jahre (seit 1830), bis eine damals vertretene Auffassung revidiert wurde! Und selbst nach einer Richtigstellung ist die korrekte Einordnung noch lange nicht gewährleistet. Typisches Beispiel ist die Geschichte der Medaille des Barockfürsten und Erzbischofs Lothar Franz von Schönborn (reg. 1695-1729), des Neffen von Johann Philipp von Schönborn (reg. 1647-1673). Da er eine Reihe von Medaillen auf den Frieden von Rijswijk veranlasst hatte, ging man davon aus, dass auch diese Medaille darauf Bezug nahm, ja nehmen musste. Diese vor zwei Jahrhunderten aufgekommene Interpretation hatte sich im Laufe der Zeit zur Standardbezeichnung entwickelt[289]. Dass es bei der Medaille vorwiegend um ein ganz anderes Thema geht, hat dann erst Hermann Maué nachgewiesen, der einen Zufallsfund im Germanischen Nationalmuseum in Nürnberg nutzen und publizieren konnte[290]. Er entdeckte einen Verkaufszettel des Augsburger Medailleurs Philipp Heinrich Müller[291] aus dieser Zeit, mit dem der Anlass eindeutig bestimmt werden konnte.

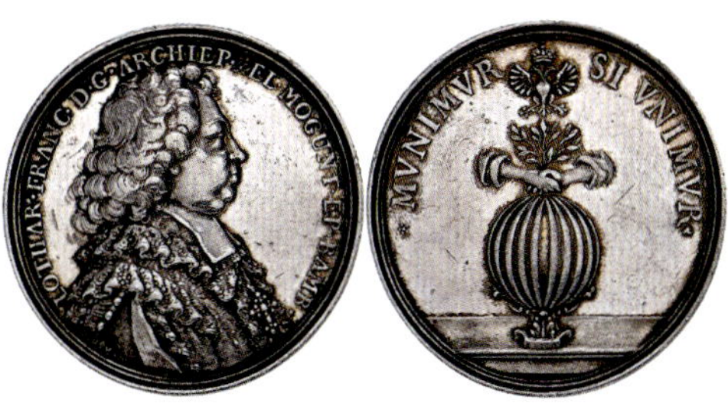

Der Globus mit den 10 Reifen (1712)

Die Kugel stellt den Erdball dar, um den 10 Reifen von oben nach unten verlaufen. Sie bedeuten die 10 Reichskreise, die etwas überschwänglich den ganzen Erdball zusammenhalten. Sie waren zwar nicht weltweit für Verteidigung und Kriegsführung zuständig; aber ihre Verantwortung bezog sich auf das Heilige Römische Reich. Sie hatten nicht nur Zuständigkeiten im Rahmen der Reichskriegsverfassung für die Aufstellung der Kontingente, sondern waren auch für die Einzie-

289 So z. B. in den Sammlungen Prinz Alexander (Nr. 642) und Walther (Nr. 462). In der Slg. Kremsier I, Nr. 328, wird immerhin alternativ „bzw. die Vereinigung der Reichsstände 1711" erwogen.

290 Hinweis in GN 239 (2008), S. 218; bereits 1830 wurde die falsche Interpretation begonnen (ebenda).

291 Müller lebte von 1654 bis 1719 in Augsburg. Er fertigte zahlreiche Medaillen für unterschiedliche Auftraggeber an.

292 Zu diesem Pick 2022, S. 9 ff. Zum Rheingold ebenda. S. 16 und Pick 2006, S. 78 ff.

hung des Gemeinen Pfennigs und außerdem für die Kontrolle des Münzwesens zuständig. Die lateinische Inschrift „MVNIMVR – SI VNIMVR“ bedeutet: „Wir sind stark, wenn wir einig sind“. Natürlich kann man auch eine Verbindung zu Krieg und Frieden herstellen. In erster Linie werden aber die 10 Reichskreise visualisiert und gefeiert, denn sie sind aus der Sicht des Kurfürsten Lothar Franz die Garanten von Sieg und Frieden. Da die Medaille nicht datiert ist, kann man auch über ihr Erscheinungsjahr bzw. den Anlass (Jahres-/Gedenktag) debattieren. Die Zahl 10 legt nahe, den Anlass auf das Jahr 1712 zu legen. Denn dies wäre eine Erinnerung an das 200jährige Bestehen der Kreise in der Zehnergestalt, als 1512 aus den bisher 6 Reichskreisen 10 gemacht wurden. Aber dies ist zugegeben nur eine Vermutung. Der Rekurs auf 1511 erscheint mir weniger wahrscheinlich, weil es sich dabei nur um die Verpflichtung Karls VI. in der so genannten „Beständigen“ Wahlkapitulation handelt, eine solche neue Einteilung zu initiieren.

15. Statt eines „Rheingold-Dukaten“ nur „Aurum rheni“

Was soll angesichts eines Goldstücks eine solche Einschränkung bedeuten und sollte nicht der Stolz darüber beim Prägeherrn überwiegen?! Dieser - Erzbischof Emmerich Joseph - war wegen seiner Leutseligkeit und Bürgernähe bei der Bevölkerung beliebt; getreu seinem Wahlspruch auf den Rändern seiner Taler: „DEO PATRIAE ET SVBDITIS“ („Für Gott, Vaterland und die Untertanen“). Emmerich Joseph von Breidbach-Bürresheim, der von 1763 bis 1774 regierte, gab seinem Medailleur August Friedrich Stieler[292] den Auftrag, aus 170 Gramm Waschgold Goldstücke zu prägen. Es gab möglicherweise damals Unmut über die Verwendung, da man glaubte, dass das Gold aus dem Wormser Bis-

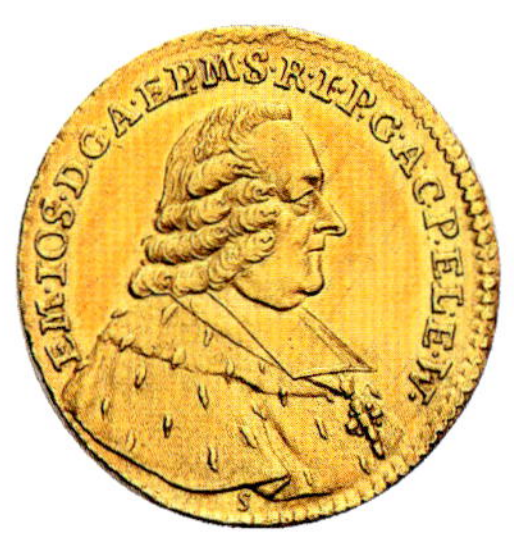

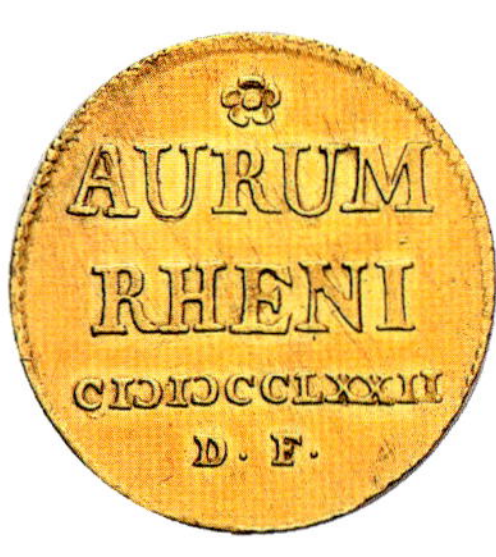

Gold aus dem Rhein für den Erzbischof (1772)

tum stamme, das dem Erzbischof seit 1768 unterstand. Allerdings ließ Emmerich Joseph auch eine schöne Goldmedaille auf Stadt und Bistum Worms ebenfalls 1772 prägen[293]. Schon damals war dieses mühsam aus dem goldhaltigen Sand der Flüsse gewonnene Edelmetall eine Besonderheit. Die für Kurmainz bedeutsamste Stelle des Goldwaschens war der Uferbereich bei Gernsheim, gleichzeitig die letzte einigermaßen ergiebige goldhaltige Gegend am Rhein. Mit einem Gewicht von rund 3,50 Gramm war zwar das Dukatengewicht der Goldstücke erreicht -der Dukat hatte den Gulden schon seit rund 150 Jahren als gängige Währung abgelöst-, aber es haperte am vorgeschriebenen Feingoldgehalt von 986/1000. Das natürliche Flussgold des Rheins brachte es nur auf ca. 920 bis 940/1000 und einem Silberanteil zwischen 6 und 8 %. Man vermied es wohl deswegen, das Goldstück als Dukat zu verkaufen, sondern nannte es nur „Rheingold". Auch die bewusst einfach, ja fast grobschnittig gehaltenen Buchstaben und Zahlen unterstreichen die Absicht, den langwierigen Weg der Gewinnung zu verdeutlichen. Geht man von einem Gewicht zwischen 3,45 und 3,50 Gramm pro Stück aus, standen dem Kurfürsten 1772 rund 50 Stücke als Donative zur Verfügung. Das erklärt die große Seltenheit des einzigen „Rheingolddukaten" aus Mainz. Er war also keine gängige Währung, konnte im Übrigen bei finanziellen Schwierigkeiten des Inhabers natürlich als Zahlungsmittel dienen.

16. Eine Medaille auf die „Freie Rheinschifffahrt" ?

Auch eine weitere Mainzer Medaille verdient einen neuen Blick. Traditionell wird eine schöne Silbermedaille o. J. des Erzbischofs Friedrich Karl von Ostein (reg. 1743-1763) als Medaille „Auf die Beförderung der freien Rheinschifffahrt" bestimmt[294]. Leider kennen wir den Medailleur der Medaille nicht, da sie nicht signiert ist. Man wird ihn unter den Augsburger oder Nürnberger Künstlern zu suchen haben. Hergeleitet wird die traditionelle Bezeichnung der „Freien Rheinschifffahrt" offenbar von der Rückseite der Medaille, auf der die Wappen der vier rheinischen Kurfürsten die Mastspitzen von vier Segelschiffen mit den Namen der Kurfürstentümer von links nach rechts M (Mainz), T (Trier), C (Köln) und P (Pfalz) schmücken. Man fragt sich, insbesondere nach den Ausführungen in dieser Untersuchung, warum ausgerechnet die kurfürstlichen Rheinanlieger als Protagonisten einer freien Rheinschifffahrt gelten können. War doch Grundlage ihrer Prosperität, nämlich ihre Zollstellendichte entlang des Rheins, eher das Gegenteil einer freien Verkehrspolitik. Für Mainz zeigt sich die Bedeutung der Zolleinnahmen z. B. beim Zoll von Oberlahnstein. Sie betrugen in den Jahren 1436 und 1437 jeweils etwa 14.500 Gulden, ein Beitrag zu den Einnahmen des Etats, der mehr als die 30 Städte des Kurstaats zusammen ausmachte[295]. Immerhin ziehen sich am Ufer die Zeilen eines Weinbergs entlang. Zieht man die weitere Symbolik der Medaille zu Rate, auf der Rückseite ein vom Gottesauge bestrahlter Baum, über ihm der Spruch „GOTT GEB WACHSTHUM", gehegt und gewässert von zwei Genien mit den Wappen von Ostein und dem Domkapitel und zwei zugeordneten Umschriftbändern „ICH HAB IHN GEPFLANZET" bzw. „ICH WERD IHN ERHALTEN", wird der Bezug auf die „Freie Rheinschifffahrt" immer zweifelhafter. Wenn man davon ausgeht, dass dem Mainzer Kurfürsten Selbstironie wohl fremd war, liegt es nahe, die Medaille eher mit dem Kurrheinischen Münzverein in Verbindung zu

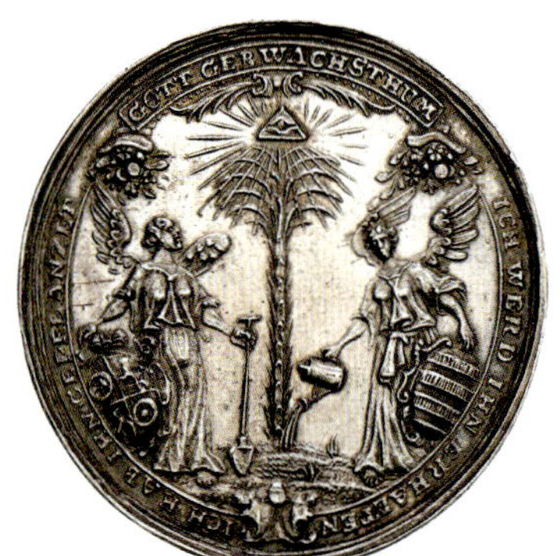

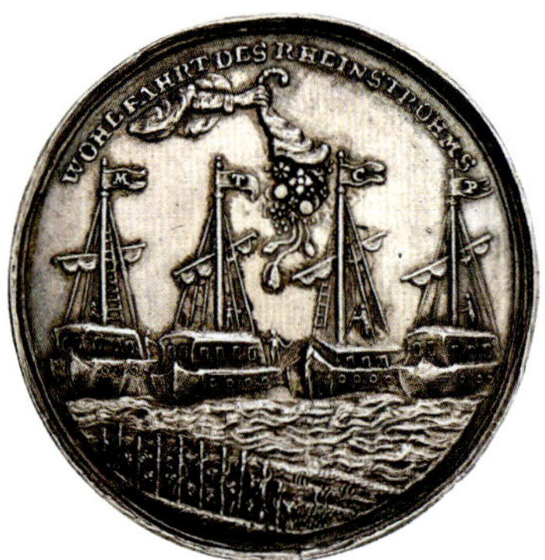

Ein Hoch auf die „Freie Rheinschifffahrt" 1745

---

293 Die ebenfalls von August Friedrich Stieler angefertigte Medaille ist bisher nur im Münzkabinett von Krems nachgewiesen (Slg. Kremsier, Nr. 384).

294 Slg. W, Nr. 514.

295 Fuhrmann 2004, S. 336.

bringen. Zwar hatte er schon zu dieser Zeit seine monetäre Bedeutung verloren, doch könnte die Medaille ohne Jahresangabe auf die Gründung 1385/1386 vor 360 Jahren anspielen. Danach wäre die Medaille in den Jahren 1745/1746 ediert worden. Auch der Slogan auf der Rückseite: „WOHLFAHRT DES RHEINSTROHMES", entspräche damit besser der Thematik „Münzverein", nämlich dem durch ihn verursachten Wohlstand zugunsten der vier rheinischen Kurfürsten. Noch sinnvoller wäre allerdings, an eine Reminiszenz anzuknüpfen, die zu den Rheinzöllen einen unmittelbaren Bogen schlägt. Am 20. 3. 1438 hatten die vier rheinischen Kurfürsten nämlich eine neue Vereinbarung über eine gemeinsame Zollpolitik getroffen. Der wesentliche Inhalt bestand in der Verabredung, dass neue Zollbefreiungen nur noch einhellig getroffen werden könnten[296]. Ohne damit einen bestimmten Jahrestag zu verbinden, hätte Kurfürst Ostein, der sich als Landesherr sehr um eine bessere wirtschaftliche Situation des Kurfürstentums bemühte, wohl eher auf das gemeinsame Handeln der Kurfürsten in der Vergangenheit anspielen wollen. Jedenfalls liegt eine der beiden handfesten Sachverhalte als Bezugspunkt näher als die Beschwörung einer „freien Rheinschifffahrt".

17. Eine Würdigung der „Säulen der Macht"

Anselm Franz von Ingelheim gab 1686 zwei imposante Medaillen in Auftrag, die aus seinem Stolz auf seine Funktion als Kurfürst keinen Hehl machen[297]. Wir kennen weder den Künstler noch den Ort der Prägung. Vermutlich stammt sie von Georg Hautsch in Nürnberg[298] oder Andreas Kötzner, die beide häufig für den Kurfürsten tätig waren, letzterer als sein Münzmeister in Mainz, der hervorragende Medaillen/Taler für Anselm Franz schuf[299]. Auch Philipp Heinrich Müller aus Augsburg, (s. o. S. 48) kommt in Fra-

296 Voss 2004, S. 34.
297 Die Medaillen unterscheiden sich nur im Detail, u. a. durch das Wappen Mainz/Ingelheim und die Fänge des Adlers. Wiedergegeben wird hier das Exemplar aus der Slg. Pick, Nr. 539.
298 1660-1715. Von ihm stammen z. B. Medaillen auf die Belagerung von Mainz 1688/9.
299 Zu ihm Pick 2014, S. 67 f.

ge. Das Einzigartige der Medaille -die Thematik ist bisher nicht in Form einer Prägung bekannt – besteht in der Feier des Kurkollegs in Kombination mit der verfassungsrechtlichen Grundlage ihrer Befugnisse durch die Goldene Bulle, die unter Karl IV. 1356 in Kraft trat. Sonst wurden Medaillen auf den Regensburger Reichstag und auf die Kurfürsten geprägt, jedoch jeweils ohne ausdrücklichen Bezug zur Goldenen Bulle. In der Umschrift auf der Wappenseite wird der Zusammenhang klassisch ausgedrückt mittels eines Zitats aus der Goldenen Bulle, Artikel 24: „ SUNT NOSTRI PARS CORPORIS IPSI G B Tit. 24“ (Sie sind Teil unseres Körpers selbst“). Im Mittelpunkt steht der doppelköpfige bekrönte Reichsadler mit dem bekrönten Bindenschild auf der Brust, der in seinen Fängen Zepter und Schwert hält. Er ist das Symbol des Heiligen Römischen Reichs, auf den Flügeln die Wappen der acht Kurfürstentümer, angeführt seinem Rang entsprechend von Mainz an oberster Stelle links, heraldisch rechts. Die andere Seite der Medaille vertieft die Wirkung durch das erhabene Brustbild des Kurfürsten im Hermelinmantel; davor steht das plastische Wappen seiner Regierung „Mainz/Ingelheim“. Es findet sich unter dem Kurhut, besteckt mit Schwert, Kreuz und Krummstab. Damit zeigt sich Anselm Franz als vornehmster Kurfürst und zugleich in der Rolle des Wächters über die verfassungsrechtliche Ordnung. Dies zeigt sich vor dem Hintergrund seiner wichtigsten Titel in der

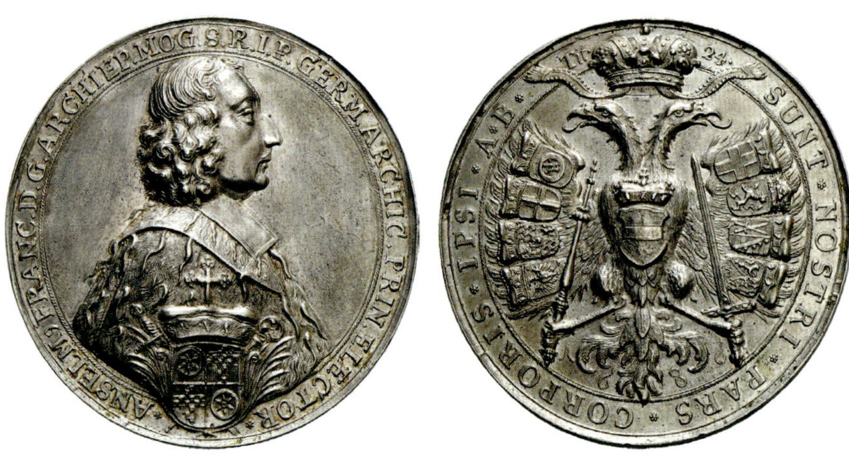

„Die Säulen der Macht“ 1686

Umschrift um sein Portrait. Ob mit der Prägung tatsächlich das 330jährige Jubiläum der Goldenen Bulle gefeiert werden soll, ist denkbar, aber nicht gesichert. Die Jahreszahl wäre doch etwas „hergeholt". Es könnte sich angesichts der Aggressionspolitik Ludwigs XIV. aber auch um eine Demonstration der Bedeutung von Kurmainz handeln, verbunden mit der Warnung, die Festung nicht anzugreifen. Das konnte bekanntlich die Besetzung durch die Franzosen schon zwei Jahre später 1688 nicht verhindern.

Ergebnis

1. Was Münzen uns sagen können

Die Komposition einer Münze aus Bild und Schrift gewinnt Kontur, wenn sie aus dem Blick der Zeitgenossen beurteilt wird. Während die bildhafte Darstellung der Interpretation z. B. unter ikonographischen Kriterien zugänglich ist, können der Schrift weitere Informationen entnommen werden. Zusammen bestimmen solche Ausdrucksformen den Informationsgehalt der Prägung.

Die an einer Emission Beteiligten hatten unterschiedliche Beiträge zu leisten und trugen somit unterschiedliche Verantwortung. Die geringste Form hatte der eigentliche Hersteller der Prägung, der Stempelschneider, zu übernehmen. Er war zwar für die Qualität der Ausführung zuständig, trat aber gewöhnlich nach außen nicht in Erscheinung. Machte er einen Fehler im Bereich der (Um)-schrift, war der Lapsus in erster Linie dem Münzmeister oder dessen Beratern anzulasten. Der Münzmeister hatte die Verantwortung für die einzelnen Bestandteile der Prägung. In den Augen der Münzberechtigten war er in erster Linie für die Einhaltung der metrologischen Vorgaben zu „Schrot und Korn" zuständig. Erst mit dem Auftreten der Signaturen von Münzmeistern im 16. Jahrhundert kann man auch gegenüber den Nutzern von einer Art Garantenstellung für die normgerechte Emission ausgehen.

Über deren Einhaltung hatte der Wardein zu wachen, der vom Münzherrn dazu ausersehene Kontrolleur. Auch dieser tritt erst im 17. Jahrhundert mit seinem Namen in Erscheinung. Dadurch wird erstmals seine Zuständigkeit der Öffentlichkeit signalisiert. Die personale Seite der Verantwortung war allerdings nur gegenüber dem Münzherrn relevant, dem gegenüber er vertraglich verpflichtet war.

Der Münzherr schließlich stand mit seinem (guten) Namen für die Wertigkeit der Münze ein. Ihm konnte man vertrauen, in erster

Linie auf die Authentizität und Güte der Prägung. Der Münzherr wiederum pflegte sich auf göttliche oder weltliche Zeugen für die Wertigkeit seiner Prägung zu berufen. Das erfolgte entweder mit ihrer Darstellung auf der Münze, gegebenenfalls mit weiteren Attributen ihrer Macht verknüpft. Schließlich ist bei Verwendung des Familienwappens eine weitere namentlich sichtbare Garantenstellung im Angebot.

Die Position des Mainzer Kurfürsten im Rahmen der rheinischen Münzpolitik und ihrer Auswirkungen auf die Münzpolitik des Reichs wurde bisher ignoriert oder zumindest unterschätzt. Dank seines Amtsgewichts und der geographischen Lage des Erzbistums an den Schlüsselstellen von Rhein, Main und einigen kleineren Nebenflüssen (Nahe, Lahn) war ohne ihn keine relevante (Münz) Politik im Rheingebiet zu machen. Dies gilt bis zur Ablösung des Goldguldens durch den Dukaten und den Sieg des Talers. Die Kongruenz mit diesen Währungen im Blick auf Aufstieg und Niedergang des Rheinischen Münzvereins liegt auf der Hand. Schon die wenigen hier vorgestellten Münzen des Kurrheinischen Münzvereins und weitere kurmainzer Prägungen können uns die Bedeutung von Münzen bzw. Medaillen über ihre Funktion als Zahlungsmittel bzw. Preziosen hinaus klar machen. Sie sind während des gesamten Mittelalters bis weit in die Neuzeit *das* Transportmittel für Herrschaft, Propaganda und Kommunikation. Damit können zahlreiche weitere Funktionen verbunden sein, etwa Hinweise auf Reichsämter und die Prärogative geistlicher Würdenträger. Die nicht in der Prägung selbst „im Metall" festgehaltenen Umstände und Hintergründe einer Prägung sind häufig aus dem historischen Umfeld zu erschließen. Viele dieser Informationen standen den Zeitgenossen aus eigener Anschauung zur Verfügung. Solche Erkenntnisse können unter Umständen mit Hilfe der Zusammenschau anderer Forschungsgebiete und auch aus deren Blickwinkel von und für uns wiedergewonnen werden. Wesentliche Fragen hinsichtlich der Münzprägung des Kurrheinischen Münzvereins scheinen noch nicht gestellt und sind naturgemäß noch nicht beantwortet. Einmal die nach der tatsächlichen Verbreitung der rheinischen Währung. In welchen Gebieten wurden die Gulden genutzt und in welchen Mengen standen sie überhaupt zur Verfügung? Waren sie eher eine Rechengröße, auf die man zur Absicherung in Verträgen zurückgriff? Hierzu bedürfte es weiterer Fundanalysen und Prüfungsberichte (Probationen) sowie weiterer Einblicke in das Urkundenwesen der damaligen Akteure (Diplomatik).

Bisher nicht erörtert ist das Problem, wie sich das Verhältnis des Münzgelds zu den Entwicklungen des Bankenwesens mit den unbaren Zahlungsmöglichkeiten (Wechsel, Anweisung, Indossament usw.) entwickelte. Oder anders gefragt: Gab es eine Arbeitsteilung nach den Kriterien Entfernung, Region, Transportweg, Zolldichte oder Gefahrenlage? Es scheint, dass es neben der Zahlung mittels Goldes lange dauerte, bis die Verwendung der italienischen Vorbilder zu einer echten Konkurrenz wurde. Erst im Verlauf des 15. Jahrhunderts erkannte man in Mittel- und Nordeuropa die Vorteile des bargeldlosen Geldtransfers. Die Teilnehmer am traditionellen System der Zahlung mit Goldwährung vertrauten lange Zeit auf diese in ihren Augen adäquate Form der Zahlung Ware gegen Geld. Die Ablösung des Rheinischen Guldens hatte andere Gründe: Es waren der Siegeszug des Dukaten und die Einführung der schweren Silbermünze, des Talers. Offen bleibt die Antwort auf die Frage: Welche Rolle spielte der rheinische Gulden in seiner Blütezeit neben den angestammten Goldprägungen, den Florenen und Dukaten?

2. Konsequenzen und Aufgaben einer modernen Numismatik

Die Ausführungen haben aber auch zu grundsätzlichen Erörterungen geführt, was Strategie und Ausrichtung der Münzwissenschaft betrifft. Die Numismatik hat Grund genug, sich im Kanon der historischen Wissenschaften selbstbewusst zu bewegen. Sie hat eine eigene Aufgabe im Rahmen der Kultur- und Zivilisationswissenschaften. Dabei muss sie sich von einer Reduzierung auf rein technische Fragen lösen und dies auch kommunizieren. Denn Stempelvarianten, -kritik, -zahl, -drehungen und Materialkunde mögen für den Numismatiker bedeutsam sein, erscheinen aber ansonsten eher als sehr speziell und damit für die Geschichtsforschung kaum relevant zu sein (point-less). Die Einordnung als Hilfswissenschaft ist hierfür typisch. Dagegen werden die gewonnenen Erkenntnisse mittels Fundanalyse, Datierungsfragen, Finanz- und Wirtschaftsdaten, Montan- sowie Geldgeographie als unbestritten relevante Beiträge zu den historischen Wissenschaften gewertet. Sebastian Steinbach hat die künftige Rolle der Numismatik sehr konzise beschrieben: „Eine ausschließlich auf das materielle Objekt der Münze und ihre Analyse beschränkte Numismatik und Geldgeschichte des Mittelalters erscheint unter diesen Gesichtspunkten weder zielführend noch wünschenswert. Wenn die Numismatik im Kanon der Geschichtswissenschaften im Allgemeinen und unter den Disziplinen der historischen Hilfswissenschaften im Besonderen eine Zukunft haben und den Weg zurück an die Universitäten finden will, muss sie über den eigenen Schatten einer aufgrund eigener Methoden und einer ausgebreiteten Fachliteratur ausgewiesenen Wissenschaftsdisziplin springen und in interdisziplinärer Arbeit mit benachbarten Fächern dem Historiker wieder verstärkt Hilfsmittel zur Erforschung der (geld-)wirtschaftlichen Entwicklungen nicht nur des Mittelalters an die Hand geben“ (Steinbach 2021/I, S. 188).

Dem ist hinzuzufügen: Eine moderne Numismatik muss jedoch neben den numismatischen Spezifika, die nur sie handhaben kann, aufgeschlossen sein gegenüber der allgemeinen zeitgenössischen wissenschaftlichen Diskussion. Sie sollte versuchen, deren Verlauf in gewisser Weise mitzubestimmen. Auch Kooperationen mit Nachbarwissenschaften sind deshalb nicht nur sinnvoll, sondern notwendig. Dies gilt vor allem für eine Reihe von Kulturwissenschaften wie Ikonographie, Epigraphik, Heraldik, Archivkunde, Schrift- und Stilkunde sowie Diplomatik und Kommunikationswissenschaft

Literaturverzeichnis

Althoff, Gerd: Spielregeln der Politik im Mittelalter, Darmstadt 1997 (Althoff 1997)

Althoff, Gerd: Die Macht der Rituale, Darmstadt 2003 (Althoff 2003 /I)

Althoff, Gerd: Inszenierte Herrschaft, Darmstadt 2003 (Althoff 2003/ II)

Ambos, Claus et alii: Die Welt der Rituale, Darmstadt 2005 (Ambos et al. 2005)

Angenenndt, Arnold: Bischofswahl und Bischofsweihe, in: Spektakel der Macht, Rituale im alten Europa 800 – 1800, hg. von Barbara Stollberg-Rilinger, Matthias Puhle, Jutta Götzmann und Gerd Althoff, Darmstadt 2008, S. 27 ff. (Angenenndt 2008)

Biewer, Ludwig: Handbuch der Heraldik (Bearbeiter), 19. Aufl., Hamburg 2007 (Biewer 2007)

Blaschitz, Gertrud: Schrift auf Objekten, in: Die Verschriftlichung der Welt, Schriften des Kunsthistorischen Museums Bd. 5, hg. von Horst Wenzel, Wilfried Seipel, Gotthart Wunberg, Wien 2000, S. 145 ff. (Blaschitz 2000)

Brandt, Ahasver von: Werkzeug des Historikers, 18. Aufl., Stuttgart 2012 (v. Brandt 2012)

Braudel, Fernand: Sozialgeschichte des 15. bis 18. Jahrhunderts – Der Alltag –, München 1985 (Braudel 1985)

Braudel, Fernand: Sozialgeschichte des 15. bis 18. Jahrhunderts -Der Handel-, München 1986 (Braudel 1986)

Braun von Stumm, Gustav: Die Münze als Hilfsmittel der mittelalterlichen Kulturgeschichtsforschung. in: Congrès international de numismatique, Tome deuxieme, Actes, Paris 1957, S. 313-320 (Braun von Stumm 1957)

Brinker-von der Heyde, Claudia: Die literarische Welt des Mittelalters, Darmstadt 2007 (Brinker- von der Heyde 2007)

Buchenau, Heinrich: Der Brakteatenfund von Seega, Marburg 1905 (Buchenau 2005)

Buchenau, Heinrich: Untersuchungen zu den spätmittelalterlichen Münzreihen von Pfalz, Mainz usw., in: Blätter für Münzfreunde, München 1925, S. 241 ff., 289 ff. (Buchenau 1925)

Carr-Gomm, Sarah: Die geheime Sprache der Bilder, 5. Aufl. München 2020

Denzel, Markus A.: Das System des bargeldlosen Zahlungsverkehrs europäischer Prägung (Mittelalter bis 1914), in: Vorträge zur Geldgeschichte 2012, Hg. Deutsche Bundesbank, Frankfurt a. M. 2013, S. 85-121 (Denzel 2013)

Deutsche Bundesbank: Mittelalterliche Goldmünzen, bearbeitet von Joachim Weschke und Ursula Hagen-Jahnke, Frankfurt a. M., 1982 (Bundesbank 1982)

Diepenbach, Wilhelm: Der Rheinische Münzverein, in: Kultur und Wirtschaft im rheinischen Raum, Festschrift für Christian Eckert, Mainz 1949, S. 89-120 (Diepenbach 1949)

Diry, Roland: Oppenheimer Pfennige zur Zeit der Staufer, in: Einblicke in Geschichte und Medaillen - 100 Jahre Numismatische Gesellschaft Frankfurt -1906-2006, Frankfurt a. M. 2006, S. 67 ff. (Diry 2006)

Dobras, Wolfgang: Münzen der Mainzer Erzbischöfe aus der Zeit der Staufer (siehe unter Quellen)

Eichelmann, Wolfgang: Die rheinischen Münzvereine 1385 – 1583, Teile I und II, Münster 2014 (Eichelmann 2014/ I bzw. II)

Emmerig, Hubert: Bayerns Münzgeschichte im 15. Jahrhundert, Teilband 1, München 2007 (Emmerig 2007)

Ertl, Thomas: Bauern und Banker, Wirtschaft im Mittelalter, Darmstadt 2021 (Ertl 2021)

Faulmann, Carl: Das Buch der Schrift, Nachdruck Wien 1880, Hamburg 2020 (Faulmann 2020)

Felke, Günter: Die Goldmünzenprägung der rheinischen Kurfürsten 1346 bis 1478, Sohren 1989 (Felke 1989)

Filip, Václav Vok: Einführung in die Heraldik, Stuttgart 2000 (Filip 2000)

Fouquet, Gerhard / Zeilinger, Gabriel: Katastrophen im Spätmittelalter, Darmstadt 2011 (Fouquet/Zeilinger 2011)

Friedensburg, Ferdinand: Die Münze in der Kulturgeschichte, Berlin 1909 (Friedensburg 1909)

Friedensburg, Ferdinand: Münzkunde und Geldgeschichte der Einzelstaaten, München/Berlin, 1926 (Friedensburg 1926)

Frutiger, Adrian: Der Mensch und seine Zeichen, 9. Aufl., Wiesbaden 2004 (Frutiger 2004)

Fuhrmann, Bernd: Konrad von Weinsberg – Ein adliger Oikos zwischen Territorium und Reich, Vierteljahrschrift für Sozial- und Wirtschaftsgeschichte, Beiheft 171, Wiesbaden 2004 (Fuhrmann 2004)

Fuhrmann, Bernd: Deutschland im Mittelalter, Darmstadt 2017 (Fuhrmann 2017)

Graab, Gerhard: Moneta Nova. Pfälzische Silbermünzen zur Zeit des Rheinischen Münzvereins. Schriftenreihe der Numismatischen Gesellschaft Speyer, Bd. 51, Speyer 2011 (Graab 2011)

Griep, Hans-Joachim: Geschichte des Lesens, Darmstadt 2005 (Griep 2005)

Hammel-Kiesow, Rolf: Silber, Gold und Hansehandel, Hg. Katalog der Ausstellung „Pfeffer & Tuch für Mark & Dukaten“, Lübeck 2003 (Hammel-Kiesow 2003)

Heß, Wolfgang: Taler als Träger politischer Ideen, in: Politische Ideen auf Münzen, Festschrift zum 16. Deutschen Numismatikertag Mainz 1991 = Schriftenreihe der Numismatischen Gesellschaft Speyer, Bd. 31, Hg. Rainer Albert, S. 93 ff. (Heß 1991)

Holtz, Walter: Abkürzungen auf Münzen – Deutung und Erläuterung, Braunschweig 1972 (Holtz 1972)

Isenbort, Gregor: Geld und Kommunikation, in: Vorträge zur Geldgeschichte 2012, Hg. Deutsche Bundesbank, Frankfurt a. M. 2013, S. 41-68 (Isenbort 2013)

Jesse, Wilhelm: Münzbild und Münzaufschrift, in: Dona numismatica, Festschrift für Walter Hävernick, Hamburg 1965, S. 5-18 (Jesse 1965)

Jürgensmeier, Friedhelm: Das Bistum Mainz, Beiträge zur Mainzer Kirchengeschichte Bd. 2, 2. Aufl. Frankfurt a. M. 1989 (Jürgensmeier 1989)

Kern, Susanne: Mainzer Inschriften, Heft 1, bearb. von Susanne Kern, Wiesbaden 2010 (Kern 2010)

Kern, Susanne: Mainzer Inschriften, Heft 2, bearb. von Susanne Kern, Wiesbaden 2016 (Kern 2016)

Klein, Ulrich: Vom Floren zum rheinischen Gulden, in: Politische Ideen auf Münzen, Hg. Rainer Albert, Schriftenreihe der Numismatischen Gesellschaft Speyer, Bd. 31, S. 63 ff. (Klein 1991)

Klein, Ulrich: Die deutsche Goldguldenprägung nach Florentiner Vorbild und der Florinus Mildenbergensis, NNB 2004, S. 341 ff. (Klein 2004)

Klein, Ulrich: Mainz, Eppstein Nassau und Isenburg. Der Münzschatz von Marbach und die Anfänge der mittelalterlichen Goldprägung in Hessen, in: Münzwege, s. Münzstätten (Klein 2021/II)

Klein, Ulrich: Der stehende Erzbischof auf dem Kapitell. Die Mainzer Goldguldenprägung von 1365 bis 1373/1374 unter stempelkritischem Aspekt, S. 153 ff., in: Geld und Wirtschaft im Südwesten, hg. von Karl Ortseifen, Regenstauf 2021, S. 153 ff. (Klein 2021/I)

Klüßendorf, Niklot: Kleine Münz- und Geldgeschichte von Hessen in Mittelalter und Neuzeit, Veröffentlichungen der Historischen Kommission für Hessen, 18,2, Marburg 2012 (Klüßendorf 2012)

Kluge Bernd: Numismatik des Mittelalters, Berlin, Wien, 2007 (Kluge 2007)

Kluge Bernd: Münzen, München 2016 (Kluge 2016)

Kluge, Bernd: Quo vadis – deutsche Numismatik, in: NNB 2022, S. 371 – 375 (Kluge 2022)

Krusy, Hans: Gegenstempel auf Münzen des Spätmittelalters, Frankfurt a. M., 1974 (Krusy 1974)

Kühnel, Harry (Hg.): Alltag im Spätmittelalter, 4. Aufl. Augsburg 2006 (Kühnel 2006)

Lauerwald, Paul: Zur Münz- und Geldgeschichte des Eichsfeldes, Eichsfelder Heimathefte, Heiligenstadt 1976 (Lauerwald 1976)

Le Goff, Jacques: Geld im Mittelalter, Wiesbaden 2011 (Le Goff 2011)

Link, Eberhard: Die erzbischöfliche Münze und ihre Erzeugnisse, in: Bingen, Geschichte einer Stadt am Mittelrhein, hg. von Helmut Mathy, Bingen 1989, S. 236 ff. (Link 1989)

Lockner, G. H.: Die letzten Mainzer Goldgulden, in: Frankfurter Münzblätter, 2. Jg., Frankfurt a. M. 1900, S. 164 ff. (Lockner 1900)

Mäkeler, Hendrik: Gewinner und Verlierer in der Münz- und Medaillenkunst, in: Gewinner und Verlierer in Medien der Selbstdarstellung, hg. von Jörg H. Lampe, Wiesbaden 2017, S. 37 ff. (Mäkeler 2017)

Münzkabinett Kremsier I: Prägungen der Erzbischöfe und Kurfürsten von Mainz, Trier und Köln, Olmütz 2014 (Slg. Kremsier)

North, Michael: Die Entwicklung des Geldes seit dem Mittelalter, in: Die Sprache des Geldes, Katalog der Ausstellung im Museum für Kommunikation, Berlin 2009, S. 32-45 (North 2009)

Noss, Alfred: Die Münzen von Trier -Erster Teil, Zweiter Abschnitt- Beschreibung der Münzen 1307-1556, Publikationen der Gesellschaft für Rheinische Geschichtskunde XXX, Bonn 1916, Nachdruck 1978 (Noss 1916)

Oehring, Siglinde: Bischof Konrad I. von Mainz im Spiegel seiner Urkunden und Briefe (1161-1200), Quellen und Forschungen zur hessischen Geschichte 25, Darmstadt und Marburg 1973 (Oehring 1973)

Peter, Ulrike: Götter auf Reisen - Münzbilder über die Verbreitung ägyptischer Kulte, in: Mediengesellschaft Antike?, Information und Kommunikation vom Alten Ägypten bis Byzanz, hg. von Ulrike Peter und Stephan J. Seidlmayer, Berlin 2006, S. 151-183 (Peter – 2006)

Pick, Eckhart: Münzen, Mächte und Mäzene, 2000 Jahre Geld in Stadt und Kurstaat Mainz, Mainz 2006 (Pick 2006)

Pick, Eckhart: Der Vogel mit der Lilie, in Geldgeschichtliche Nachrichten H. 241, Frankfurt a. M. 2009, S. 5 ff. (Pick 2009)

Pick, Eckhart: Sammlung Prof. Dr. Eckhart Pick, Mainzer Münzen und Medaillen, Auktion 405 Dr. B. Peus Nachf., Frankfurt a. M. 2011 (Slg. Pick)

Pick, Eckhart: Die Münzprägung der schwedischen Besatzung in Mainz 1631 bis 1636 unter der Familie Ayrer (Ey(e)rer) und Benedikt Stephani (Steffen), in: Geld und Wirtschaft im Südwesten, Festschrift zum hundertjährigen Bestehen der Numismatischen Gesellschaft Mainz-Wiesbaden von 1921 e. V., hg. von Karl Ortseifen, Regenstauf 2021, S. 239-257 (Pick 2021)

Pick, Eckhart: Das Mainzer Medailleursquartett, Regenstauf 2022 (Pick 2022)

Poeschel, Sabine: Handbuch der Ikonographie, Darmstadt 2005 (Poeschel 2005)

Pohl, Hans: Die Banken in ihrer historischen Entwicklung, in: Die Sprache des Geldes, Leipzig 2009, S. 84 ff. (Pohl 2009)

Prinz Alexander von Hessen und bei Rhein: Maynzisches Münzkabinett, Darmstadt 1888 (Slg. PA)

Prokisch, Bernhard: Die Münzen und Medaillen des Deutschen Ordens in der Neuzeit, Veröffentlichungen des Institutes für Numismatik und Geldgeschichte, Band 11, Wien 2006 (Prokisch 2006)

Rizzolli, Mittelalterliches Geld- und Bankwesen: Bozen 2021 (Rizzolli 2021)

Schneider, Konrad: Norm und reale Qualität der rheinischen Goldgulden zwischen 1400 und 1450, in: Münzstätten, Münzprägung und Münzwege des Mittelalters in Hessen, Berliner Numismatische Forschungen N. F. Bd. 12, hg. von Christian Stoess, Roland Diry, Sebastian Steinbach, Regenstauf 2021, S. 535-547 (Schneider 2021)

Schubert, Ernst: Einführung in die deutsche Geschichte im Spätmittelalter, 2. Aufl. Darmstadt 1998 (Schubert 1998)

Schwedler, Gerald: Dienen muss man dürfen oder: Die Zeremonialvorschriften der Goldenen Bulle zum Krönungsmahl des römisch-deutschen Herrschers, in: Die Welt der Rituale, hg. von Claus Ambos, Stephan Hotz, Gerald Schwedler, Stefan Weinfurter, Darmstadt 2005, S. 156 ff. (Schwedler 2005)

Steinbach, Sebastian: Kommerzielle Revolution und monetäre Sattelzeit – Wirtschaftshistorische Dimensionen des hessischen Transitraums der Stauferzeit (ca. 1100 – 1250), in: Münzstätten, Münzprägung und Münzwege des Mittelalters in Hessen, (Berliner Numismatische Forschungen N. F. Bd. 12, hg. von Christian Stoess, Roland Diry, Sebastian Steinbach, Regenstauf 2021, S. 177-188 (Steinbach 2021 / I)

Steinbach, Sebastian: Einführung in die Wirtschaftsgeschichte, Bd.3: Mittelalter, 5. Aufl., Stuttgart 2021 (Steinbach 2021 / II)

Steinbach, Sebastian: Monetäre Herrschaftszeichen Macht und Herrschaft im Siegel- und Münzbild, hg. von Andrea Stieldorf, S. 67 f. (Steinbach 2021/III)

Steinbach, Sebastian: Numismatik, Stuttgart 2022 (Steinbach 2022)

Stieldorf, Andrea: Macht und Herrschaft im Siegel- und Münzbild, hg. von Andrea Stieldorf, Vorwort, Bonn 2021 (Stieldorf 2021)

Stoess, Christian, Roland Diry, Sebastian Steinbach (Hg.), Münzstätten, Münzprägung und Münzwege des Mittelalters in Hessen (Berli-

ner Numismatische Forschungen N. F. Bd. 12, Regenstauf 2021 (Stoess u. a. 2021)
Voss, Wolfgang: Dietrich von Erbach, Erzbischof von Mainz (1434-1459), Mainz 2004 (Voss 2004)
Waldecker, Christoph: Zwischen Kaiser, Kurie, Klerus und kämpferischen Laien – Die Mainzer Erzbischöfe 1100 bis 1160, Mainz 2002 (Waldecker 2002)
Walther, Rudolph: Sammlung Dr. Rudolph Walther, Mainz, Mittelrhein I, Auktion 275 Dr. B. Peus Nachf., Frankfurt a. M. 1971 (Slg. W)
Weisenstein, Karl: Die Münzpolitik der rheinischen Kurfürsten (Rheinischer Münzverein) unter besonderer Berücksichtigung der Einflüsse von Reich und Städten, in: Währungsunionen, Numismatische Studien, H. 15, hg. von Reiner Cunz, Hamburg 2002, S. 105 ff. (Weisenstein 2002)
Weisenstein, Karl: Die Rheinischen Kurfürsten und die Auseinandersetzungen um die Reichsmünzstätte Frankfurt (ca. 1418 bis 1440), in: Münzstätten, Münzprägung und Münzwege des Mittelalters in Hessen, hg. von Christian Stoess, Roland Diry, Sebastian Steinbach, Berliner Numismatische Forschungen NF Bd. 12, Regenstauf 2021, S. 549-560 (Weisenstein 2021/I)
Weller, Thomas: Ordnen – Gemeinschaft stiften – Ins Recht setzen, Die Funktion von Ritualen und ihr Wandel, in: Spektakel der Macht, hg. von Barbara Stollberg-Rillinger, Matthias Puhle, Jutta Götzmann und Gerd Althoff, Darmstadt 2008, S. 199 ff (Weller 2008)
Wenzel, Horst: Hören und Sehen, Schrift und Bild , Kultur und Gedächtnis im Mittelalter, München 1995 (Wenzel 1995)
Wenzel, Horst: Die Schrift und das Heilige, in: Die Verschriftlichung der Welt, S. 15-58; s. unter Blaschitz (Wenzel 2000)
Wenzel, Horst: Höfische Repräsentation, Darmstadt 2005 (Wenzel 2005)
Wilke, Jürgen: Grundzüge der Medien- und Kommunikationsgeschichte, Köln, Weimar, Wien 2000 (Wilke 2000)
Wolf, Norbert: Malerei verstehen, Darmstadt, 2012 (Wolf 2012)

Quellen

Staatsarchiv Darmstadt, R 11 REM
Stadtarchiv Mainz, (Katalog Nr.) aus: Münzen der Mainzer Erzbischöfe aus der Zeit der Staufer, Katalog der Brakteaten im Münzkabinett des Stadtarchivs Mainz, hg. von Wolfgang Dobras = Beiträge zur Geschichte der Stadt Mainz Bd. 34, Mainz 2005
Staatsarchiv Würzburg, Mainzer Ingrossatur-Bücher (MIB) Bd. und Folio

Personenverzeichnis